Luis López Nieves

Escribir para Rafa

ESCRIBIR PARA RAFA

LUIS LÓPEZ NIEVES

Grupo Editorial Norma
www.norma.com
Bogotá Barcelona Buenos Aires Caracas Guatemala
Lima México Panamá Quito San José San Juan
San Salvador Santiago de Chile Santo Domingo

© Luis López Nieves, 2006

© de esta edición Editorial Norma S.A., 2006

Apartado aéreo 53550, Bogotá, Colombia

Derechos reservados para todo el mundo

1ª edición, julio de 1987

3ª edición, mayo de 1998

1ª edición para Grupo Editorial Norma, junio 2006

Página electrónica del autor: www.ciudadseva.com

Dirección electrónica del autor: info@ciudadseva.com

Editora: Gizelle F. Borrero

Diseño de colección: Andrea Cuchacovich

Fotografía del autor: Juan Figueroa

Armada electrónica: Milagros Reyes

Impreso por Imprelibros S.A.

Impreso en Colombia - *Printed in Colombia*

Este libro se compuso en caracteres: Garamond Pro

Impresión: Agosto 2006

ISBN: 958-04-9412-6

CC: 72032

López Nieves, Luis, 1950-

    Escribir para Rafa / Luis López Nieves

    San Juan: Grupo Editorial Norma, 2006.

    224 p; 21 cm—(Colección La otra orilla)

    ISBN 958-04-9412-6

1. Cuento puertorriqueño. 2. López Nieves, Luis, 1950-

A Pablo Navarro,
para que no te me mueras

Contenido

EL SEÑOR DE LOS PLATILLOS

EL IDOLATRADO DOCTOR Joaquín Carrasquillo, futuro Señor de los Platillos, nació el 15 de marzo de 1960 a las 10:23 de la mañana, un día soleado y caluroso –común y corriente, en realidad– a pesar de que comenzaba una era gloriosa. No tronó, las estrellas no titilaron de modo particular, y aunque harto difícil de creer, lo cierto es que fue un parto bastante ordinario y que nadie –ni el médico, ni las enfermeras, ni su propia madre– absolutamente nadie sospechó su futura grandeza. Luego de dos meses de rigurosas investigaciones no hemos podido confirmar rumor alguno al efecto de que su genialidad fuera evidente desde el día en que nació. Todo lo contrario: podemos aseverar que no hubo ningún indicio de su sonoro porvenir. Así nos lo ha confirmado, entre otros, su progenitora doña Migdalia Barceló de Carrasquillo, en entrevista que nos concediera pocos meses después de la infortunada desaparición de su genial hijo. Nos reveló, además, algunos datos inéditos que el gran público desconoce y que consideramos de extrema importancia biográfica. Dice la orgullosa madre:

"Yo pensé que Joaquín era normal cuando lo pusieron en mis brazos. Pero años después, una vez empezó a ser obvio el grandioso futuro de mi genial hijo, recordé que algo me llamó la atención ese día: la forma peculiar en que movía los brazos. No era un movimiento cualquiera: tenía ritmo. Abría los brazos y parecía congelarse por unos segundos. De pronto, sin aviso, como obedeciendo una señal (la de un director de orquesta, por ejemplo) juntaba ambas manos y daba un gran aplauso. ¡Pero había que verlo! ¡Tanto estilo! Levantaba los hombros, mantenía ambos codos al mismo nivel, no torcía las muñecas. Ahora comprendo que desde el día en que lo parí, a los pocos minutos, debió ser evidente para el mundo entero cuál sería el futuro de mi genial hijo el doctor Joaquín Carrasquillo Barceló.

"En cuanto a su desaparición, quiero reafirmar mi certeza de que, a pesar de los malintencionados rumores al contrario, no tengo duda alguna de que mi hijo está vivo. Nadie tiene motivos para matarlo, y eso de que se suicidó es una barbaridad que se han inventado los reporteros para crear escándalo y vender más periódicos. De eso sé yo. Pero Juaco es incapaz de hacerme algo tan cruel. Siempre ha sido muy obediente y respetuoso y me quiere mucho. Él no me haría sufrir así. Por eso estoy segura de que lo han secuestrado".

El 18 de abril de 1960, al mes y tres días de nacido, ocurrió un incidente extraordinario en la vida del joven Carrasquillo, el cual habría de repercutir para siempre en los gloriosos anales de la música occidental: Joaquín Carrasquillo hizo tortitas por primera vez. Desde ese día en adelante no hubo dudas sobre el destino del niño Joaquín. Dice el licenciado Julio César Carrasquillo, su padre:

"Te juro que no lo obligué, ni siquiera intenté influenciarlo. Fue espontáneo. Oí, de pronto, un ruido extraño proveniente de su cuna. Cuando me asomé se sonrió el muy bandido y de golpe hizo su primera tortita. Pero había que verlo. Abrió los brazos y pareció congelarse por unos segundos. De pronto, sin aviso, como obedeciendo una señal (la de un director de orquesta, por ejemplo) juntó ambas manos e hizo su primera tortita. ¡Cuánto estilo! Levantaba los hombros, mantenía ambos codos al mismo nivel, no torcía las muñecas. ¡Ya parecía un profesional!"

El 26 de mayo de 1960, a los dos meses y once días de nacido, ocurrió otro incidente tan significativo que habría de sellar irreversiblemente el destino del niño Joaquín Carrasquillo. El futuro prodigio de los platillos, sin tutorías ni adiestramientos, hizo su primer pon pon. Continúa el emocionado licenciado Carrasquillo:

"No voy a mentir. Lo cierto es que ahora, visto a distancia, uno siente deseos de jactarse un poco, de decir 'yo me di cuenta enseguida de que mi hijo era un genio'; pero no fue así. Ese día simplemente estábamos todos en la sala, los mayores leyendo y los niños jugando, cuando de pronto, sin señal previa, el muy titerito hizo pon pon ¡cinco veces corridas! y

luego sonrió. Podría decirse que fue su primer mini-
concierto.

"Cuando se acercó su tercer cumpleaños comenzaron a ocurrir muchas cosas a la vez; estábamos
muy confundidos. Se la pasaba rompiendo objetos.
Pero no los rompía como los demás niños, sino de
dos en dos, en pares. Y no los tiraba, sino que los
chocaba entre sí. Luego vino la alborotosa fase de las
tapas de las latas de galletas Sultana. Se pasaba el día
golpeándolas y marchando por la casa. Tonto que
soy, tampoco me di cuenta de lo que sucedía.

"Pero el incidente decisivo ocurrió poco después. Lo llevamos al cumpleaños de los gemelos del
arquitecto Rivas. Allí, en medio de la sala enorme llena de globos y niños, había una mesita pequeña con
los dos bizcochos de los gemelos. Tan pronto entra-
mos por la puerta, Joaquín, como enloquecido, corrió
a la mesa, levantó un bizcocho en cada mano y de
golpe, frente a las miradas incrédulas de los niños bo-
quiabiertos y de los adultos espantados, los aplastó el
uno contra el otro y los convirtió en uno, los bordes
perfectamente alineados. Pero lo que verdaderamente
asombró fue la forma en que lo hizo, ¡el estilo! Abrió
los brazos y pareció congelarse por unos segundos. De
pronto, sin aviso, como obedeciendo una señal (la de
un director de orquesta, por ejemplo) aplastó ambos
bizcochos. Levantaba los hombros, mantenía ambos
codos al mismo nivel, no torcía las muñecas. Nuestra
vergüenza fue enorme. Pero supe de inmediato cuál
era el destino de mi Juaco. Una semana después comenzó a tomar clases privadas de platillos.

"Nunca he escatimado en gastos cuando se trata de mis hijos. Por eso tengo a una docena de detectives buscándolo ahora mismo. Está vivo, porque Dios no puede dejarlo morir después de tantos gastos y años de estudios. ¡Su carrera apenas ha comenzado! Yo sé que no está muerto porque no merezco semejante castigo: he sido buen padre. Aunque es cierto que el destino puede ser cruel −dejó sordo a Beethoven−, no creo que sea capaz de privar al Caribe del rarísimo talento de mi Joaquín. Sé que aparecerá pronto. Lo han secuestrado, obviamente".

Podemos aseverar sin la menor duda que el desaparecido doctor Joaquín Carrasquillo vivió entregado a su instrumento en cuerpo y alma. En toda su vida el Señor de los Platillos no hizo otra cosa excepto tocar platillos (de ahí el apodo con que cariñosamente lo bautizara el país). Sólo hay una excepción: cuando el prodigio cumplió quince años de edad, el 15 de marzo de 1975, el licenciado Carrasquillo, preocupado por su condición física, le rogó que tomara clases de karate. Debido a las reiteradas súplicas de su padre, el joven Joaquín accedió por fin y asistió a clases regularmente por espacio de tres meses. Luego, sin motivo aparente, expresó su repudio por esta disciplina marcial y no hubo forma de que siquiera hablara sobre el tema.

Debido al carácter excepcional de la actividad karateca del desaparecido, decidimos entrevistar a su maestro, el sensei Kimo Goyu Ryu:

"Recuerdo a Joaquín Carrasquillo a la perfección. Dejó huella permanente en mí y en todos sus compañeros de la escuela de karate cuando inventó una técnica nueva que bauticé con el nombre 'tapaorejas'. Nunca olvidaré el primer día que la ejecutó sin percatarse de que yo lo observaba: abrió los brazos y pareció congelarse por unos segundos. De pronto, sin aviso, como obedeciendo una señal (el ataque del contrincante, por ejemplo) juntó ambas manos como si fuera a dar un gran aplauso, y las detuvo justo antes de golpear las orejas de su compañero de práctica. ¡Lo hizo con tanta técnica! Levantó los hombros, mantuvo ambos codos al mismo nivel, no torció las muñecas. Una técnica perfecta y muy efectiva porque deja al enemigo sordo, sin balance y sorprendido. Desde ese día todos practicamos y pulimos esta técnica frecuentemente, aunque nadie, ni siquiera yo, la ha podido dominar con la destreza de su inventor. Por eso estoy seguro de que Joaquín vive aún. Él sabía defenderse. Me inclino a pensar que el muchacho simplemente no soportó más a sus padres y decidió huir. Dondequiera que esté le deseo suerte".

El doctor Joaquín Carrasquillo recibió una educación musical excelente, elitista, digna del hijo de un celoso y espléndido padre de clase media alta que tiene la dicha de residir en la sede del Festival Casals. Primero tomó clases privadas de platillos. Más tarde ingresó a la Escuela Libre de Música y el 7 de junio de 1977, a los 17 años de edad, terminó la escuela superior con especialización en platillos. De allí pasó al muy prestigioso Conservatorio de Música, fundado personalmente por el maestro Pablo Casals, de donde se graduó el 3 de junio de 1981, a los 21 años de edad. Sus padres tuvieron la satisfacción de verlo recibir un Bachillerato en Música, Summa Cum Laude, con especialización en platillos.

Pocos días antes de su graduación, Joaquín Carrasquillo tomó una decisión espectacular que dejaría sediento por muchos años al fino público musical del país: no volvería a tocar en público hasta finalizar sus estudios doctorales. Dice Enrique Hutchins, hijo, condiscípulo del Señor de los Platillos:

"No puedo decir que fui amigo de Joaquín porque él no tuvo amigos. Sin embargo, en cierta forma compartimos durante años ya que asistíamos a clases en los mismos salones y almorzábamos en la misma cafetería. Nuestra poca comunicación se debió, sobre todo, a una situación abominable que corroe al mundo musical pero que pocas personas de afuera conocen: una jerarquía de rigidez absoluta. Podría describirla como una especie de sistema de castas; es decir, un discrimen institucionalizado. Una explicación rápida, superficial, es la siguiente: los violinistas, pianistas, guitarristas clásicos y cellistas somos la aristocracia, los reyes y príncipes del mundo sinfónico. La mayoría de los instrumentos de viento, como la flauta y el oboe, son la clase media. Los instrumentos normales de percusión –platillos, tambor, triángulo– más algunos de viento (como las trompetas y los saxofones, que durante los fines de semana tocan en bodas y quinceañeros) son los siervos de la gleba, los peones. Claro, otros instrumentos francamente cafres, como las congas, el güiro o los

timbales, tienen una clasificación tan baja que ni siquiera se les toma en consideración. Son una especie
de lumpen o chusma musical.

"Yo soy violinista pero durante toda mi carrera he luchado en contra del discrimen y a favor
de lo que he llamado la 'democracia musical'. He
sido acusado hasta de 'liberal' porque yo no me creo
mejor que nadie debido al simple hecho de que mi
instrumento sea el más exquisito de todos. En este
mundo de la música ocurre al igual que en el cotidiano: aunque tal vez sea preferible ser rico, lo cierto
es que también hacen falta los basureros y conserjes,
y merecen que se les trate con respeto. De hecho,
de vez en cuando, en privado, yo toco instrumentos
de percusión y no siento que me esté rebajando. Y
públicamente les doy a los percusionistas el mismo
trato que le daría a un cellista.

"Pero volviendo a Joaquín, lo cierto es que
apenas cruzamos palabras en los cuatro años que estudiamos juntos. Las causas fueron dos: primero, por
la división de castas que acabo de describir (nunca
he negado que soy violinista hereditario). Segundo,
porque él era extremadamente reservado. Pero recuerdo con claridad el día en que anunció que no
tocaría en público hasta terminar su doctorado. Una
tarde, pocos días antes de la graduación, nos visita-
ba un famoso citarista hindú que había sido maestro
de los Beatles cuando estuvieron en la India. Luego
del magnífico concierto privado que nos ofreció a los
estudiantes, se inició una tertulia en torno a la cíta-
ra en particular, y de los instrumentos de cuerda en

general. De pronto, casi al final de la charla, Joaquín se levantó, pidió silencio y dijo palabras que nunca olvidaré. Criticó a las personas que 'Han convertido a las cuerdas en falsos ídolos de piedra'. Y terminó diciendo: 'Juro que pronto llegará el día de la redención, cuando finalmente se le otorgue a los platillos el lugar de prominencia que se merecen'. Nos dejó mudos a todos por dos razones: por la lucidez de sus palabras y porque nunca antes se había expresado en público. Nunca olvidé su discurso.

"Poco tiempo después nos graduamos y no volví a verlo hasta el pasado 22 de junio, el día de su único y gran concierto televisado. De vez en cuando, sin embargo, nos llegaban noticias: lo habían visto en París, que si estaba en Nueva York, que practicaba dieciséis horas diarias, que si volvía para tal fecha, etc. Su discurso se convirtió en el más famoso pronunciado jamás por un platillista puertorriqueño y la expectativa que creaba cualquier especulación en torno a su regreso era inaudita. Hace pocas semanas, después de seis años de espera, escuché por radio la noticia oficial: Joaquín, al fin, había decidido regresar y daría su concierto el 22 de junio en Bellas Artes. Las filas para comprar boletos fueron monstruosas. Con el fin de evitar el motín que se hacía inminente, el gobierno decidió televisar el concierto. Ese día Joaquín convirtió sus palabras en realidad. Nadie ha olvidado, ni olvidará jamás, el gran platillazo con que lapidariamente cerró la pieza.

"Joaquín volverá por dos razones: primero, porque no tenía enemigos. Nadie tenía por qué hacerle daño. Segundo, porque es inconcebible que, después de tantos años de estudios, alguien se decida a abandonar su carrera voluntariamente. Es decir, no se suicidó. En todo caso ha desaparecido a causa de un exceso de amor. Sospecho que algún fanático lo ha secuestrado con la intención de oírlo tocar en privado".

El 27 de julio de 1981, pocas semanas después de su graduación del Conservatorio de Música de Puerto Rico, Carrasquillo comenzó en París sus estudios conducentes al grado de Maestría en Platillos. Un año después, el 11 de junio de 1982, asombró a los parisienses al terminar la Maestría en Música en un solo año: proeza nunca antes vista por los habitantes del viejo continente.

El 8 de julio de 1982, a los 22 años de edad, llegó a Nueva York. La Escuela de Música Juliard, la más famosa de la nación norteamericana, había becado a Carrasquillo incondicionalmente para que prosiguiera estudios conducentes al Doctorado en Platillos. Finalmente, el 2 de junio de 1986, a los 26 años de edad, el orgullo de Las Antillas terminó, Summa Cum Laude, el Doctorado en Música con especialización en platillos: el primero en toda la historia de Puerto Rico y del Caribe. (Su tesis doctoral, *Los platillos, el gong oriental y el Big Bang: tangencias simbiótico-dialécticas*, causó y sigue causando revuelo en el exigente mundo de la musicología internacional.)

Como indicáramos anteriormente, fueron muchos los excelsos maestros de Carrasquillo. Cuando preguntamos a sus familiares cuál de ellos el Señor de los Platillos recordaba con más cariño, la respuesta fue unánime: el profesor Amaury Sobá Gierbolini. A continuación incluimos los comentarios de este destacadísimo profesor del prestigioso Conservatorio de Música:

"No es fácil explicar la importancia de un Joaquín Carrasquillo. Intentaré ser breve y claro. La situación es la siguiente: una orquesta tiene diez, quince, veinticinco o más violinistas. Este instrumento se usa con mucha frecuencia, a veces sin descanso. Pero si se equivoca un violinista, uno de entre digamos quince, ¿qué pasa? Nada. Tal vez tome nota un musicólogo. Tal vez, incluso, se percaten algunos de los asistentes comunes al concierto. Pero es algo tan pequeño que se olvida en una fracción de segundo.

"Pero veamos otra situación radicalmente diferente. Estamos oyendo, digamos, la tercera sinfonía de Beethoven. Se acerca el momento cumbre, el clímax, la catarsis tan necesaria que nos ayudará a descargar la tensión que ha crecido por espacio de una hora. Se acerca ese instante delicioso, esa fracción de segundo muy precisa en que el gran platillazo, lapidariamente, nos causará un hermoso escalofrío, nos pondrá los vellos de punta, precipitará nuestras lágrimas e indicará que la obra ha culminado. Imaginemos que esta maravillosa orquesta hipotética, que durante una hora nos ha transportado a otra realidad —al mundo de la música pura, del espíritu— imaginemos que el platillista de esta orquesta sea mediocre. ¡Horror! ¿Qué ocurriría si, al llegar la apoteosis, ese instante sublime del supremo platillazo, se equivocara el platillista? ¿Si se adelantara una milésima de segundo? ¿Si se retrasara una billonésima de segundo? ¿Si golpeara los platillos con torpeza? ¿Si no detuviera el vibratto a tiempo? ¡Sería el apocalipsis! Serían sesenta minutos arruinados, un anticlímax. Ya he dicho que un violinista entre quince puede pasar inadvertido. ¿Pero puede ignorarse la menor equivocación de un platillista? ¡Por supuesto que no! Por eso los platillos son el instrumento más exigente, el más sacrificado. Por eso es que un platillista vale mucho más que uno de esos violinistas o pianistas engreídos, que se creen muy superiores pero no son sino unos arrogantes. Para decirlo de una vez, lo diré: el platillista debe ser *perfecto*. Y Joaquín Carrasquillo lo fue. Por eso lo lloramos tanto. Fue *primus inter pares*, maestro de maestros.

"Me temo que Joaquín no volverá porque ha sido asesinado. Aunque no tengo pruebas al efecto, yo le sugiero a la policía que investigue a los violinistas. Yo no dudaría que hayan conspirado con las demás cuerdas. Joaquín se atrevió a nadar en contra de la corriente y a retar la dizque superioridad de estos insolentes dictadores que durante siglos han tiranizado el mundo de la sinfonía. ¡Lo asesinaron en defensa del *status quo*!"

Cuando se investiga la vida y obra de un Gran Músico no pueden obviarse, por supuesto, las opiniones de los eruditos críticos que tan sabiamente han dedicado sus vidas al estudio y análisis de este aspecto del quehacer cultural del país. En San Juan, como se sabe, ningún crítico musical goza de la reputación de Gustavo Samuel Nieva Solá. Consideramos imprescindible recoger su opinión en torno al Señor de los Platillos:

"Cuando Joaquín Carrasquillo estudiaba en el Conservatorio yo vivía aún en Milán. Cuando regresé, ya él se había ido a estudiar a París. Al principio me asombró el extraño culto que iba surgiendo en torno a su figura. No pasaba un día sin que se hablara de él, aunque sólo fuera para contar una anécdota breve sobre cómo agarraba los platillos, o se sentaba en la silla, o levantaba los hombros, o la manera tan peculiar en que pasaba las páginas de las partituras. Si en alguna de estas conversaciones se mencionaba el hecho de que yo no había estado aquí durante su época, algunos me miraban con odio; otros, con cierta lástima condescendiente, me decían: 'Nunca hubo platillista mejor. Paciencia, tal vez logres oírlo algún día'. Evidentemente bastaba oír un solo platillazo de Carrasquillo para quedar convencido de su genialidad.

"El pasado 22 de junio se anunció por fin su primer concierto público desde los días del Conservatorio. Asistí como crítico de música y como fanático, porque hacía tiempo que había sucumbido a la magia de su leyenda. No voy a repetir los comentarios técnicos y objetivos que escribí en mi columna. En esta ocasión quisiera expresarme como si yo fuera un amante común y corriente de la música; quiero decir lo que sentí, porque lo recuerdo a la perfección. El concierto empezó puntualmente, pero debimos esperar casi dos horas para que llegara el acontecimiento que todos ansiábamos. Carrasquillo esperó pacientemente, con una insuperable expresión de dignidad en el rostro. Cuando se acercó el glorioso momento los corazones de los espectadores dejaron de latir. ¡Había que ver el estilo con que se puso de pie! ¡Cuánta elegancia! Cogió un platillo en cada mano, abrió los brazos y se congeló por unos segundos. De pronto, obedeciendo la señal del Director, juntó ambos platillos a velocidad relampagueante, dio el platillazo más hermoso y perfecto que he escuchado en toda mi vida, y sonrió. ¡Su estilo era magnífico: levantaba los hombros, mantenía ambos codos al mismo nivel, no torcía las muñecas! En menos de un segundo se consumó su leyenda. Ocurrió, entonces, algo que nunca antes había presenciado y que jamás, en mi opinión, volverá a repetirse. El público, francamente histérico, electrificado, se puso de pie e interrumpió el concierto con una ovación de más de veinte minutos. La orquesta, sorprendida al principio, se unió eventualmente a los aplausos. ¡Nunca olvidaré la humildad que emanaba el rostro de Carrasquillo!

"Yo no puedo afirmar si vive o no. Como crítico musical prefiero limitarme a opinar únicamente en torno a su faceta artística. A ese respecto mi opinión es clara y la repetiré para que nadie olvide que yo lo dije primero: ¡Carrasquillo es nada menos que el sucesor de Pablo Casals! De aquí a doscientos años, cuando la perspectiva histórica permita redactar la historia definitiva de la música caribeña, el siglo XX se escribirá a la sombra de dos grandes figuras: Casals y Carrasquillo".

En nuestras entrevistas iniciales con la familia del desaparecido, se nos ocultó en todo momento la existencia de una mujer en la vida del doctor Carrasquillo. Nuestra larga y arriesgada investigación, sin embargo, nos llevó por otros derroteros y logramos confirmar lo que siempre sospechamos: existe tal mujer. Se llama Margarita Castanovich González, puertorriqueña de ascendencia ruso-cubana. Entrevistamos a la señorita Castanovich González, quien se desempeña actualmente como triangulista de la Orquesta Sinfónica de Trinidad-Tobago:

"Conocí a Joaquín cuando estudiamos en Nueva York. Durante los ensayos siempre nos sentaban juntos en la parte de atrás. Ocurre que el triángulo y los platillos tienen mucho en común, porque los que tocamos estos instrumentos nos sentamos siempre en la parte de atrás de la orquesta y no estamos demasiado activos. En un concierto normal, de un promedio de dos horas, es posible que el compositor le asigne al triángulo, igual que a los platillos, tres segundos. El resto del tiempo tenemos que permanecer quietos y sentados, para no distraer al público ni a los demás músicos.

"Sin embargo, yo estoy enamorada del triángulo y no me importa esperar. Pero soy humana y, al contrario de Joaquín, a veces me aburro. Mi sueño es que algún día un compositor escriba un concierto para triángulo. O que por lo menos le asigne más tiempo a mi bello instrumento. Bueno, pues sucede que una tarde, mientras la orquesta se despachaba, como de costumbre, con la cuchara grande, para aliviar mi aburrimiento decidí hacerle muecas a Joaquín. Pensé que no me había visto porque no dio señales de vida. Me incliné lo más posible y le toqué el brazo, pero no me hizo caso.

"Al otro día, antes de comenzar el ensayo, co-
loqué mi silla justo al lado de la suya. Cuando empezó la pieza (creo que la segunda sinfonía de Brahms)
le clavé la vista. Durante más de veinte minutos intenté captar su mirada en vano. Yo sabía que él estaba al tanto de mi esfuerzo y me dio un poco de rabia.
Decidí ponerme traviesa: descansé mi mano sobre su
rodilla. Siguió con la mirada fija sobre el atril, como
si nada hubiera pasado, lo cual sí me dio coraje: no
soy tan fea como para que un hombre me menos-
precie de esa forma. Poco a poco empecé a subir la
mano por su muslo. Al principio disfruté porque vi
que sudaba. A pesar de su esfuerzo, no le era posible
despacharme. Pero no me bastaba ese pequeño reconocimiento involuntario. Me propuse forzarlo a que
me mirara a los ojos.

"No me avergüenza decir la verdad: de hecho,
él me había llamado la atención anteriormente. Me
gustaba su seriedad, la dedicación con que se había
entregado a los platillos. Yo lo observaba antes de
iniciar los ensayos y me atraía el ritual que practicaba para calentarse. Primero ejercitaba las muñecas.
Luego cruzaba las piernas y enderezaba la espalda. Lo
hacía todo con una dignidad tan increíble. Se quedaba quieto unos minutos, como meditando. De golpe
abría los brazos y parecía congelarse por unos segundos. Y de pronto, sin aviso, como si obedeciera una
señal (la del profesor, por ejemplo) juntaba ambas
manos en un gran aplauso. Había que verlo. ¡Tanta
dignidad! Levantaba los hombros, mantenía ambos
codos al mismo nivel, no torcía las muñecas.

"Bueno, pues me propuse obligarlo a mirarme. Continué subiendo la mano por el muslo. Como él seguía sin hacerme caso, agarré la pestaña del zíper y empecé a bajarlo. Entonces Joaquín agarró mi mano y me miró a los ojos, aunque no cogió mi mano como lo hubiera hecho cualquier otro hombre. Dio una especie de platillacito encima de ella. La pilló entre las dos suyas. Entonces sonrió y me dijo: 'Si te estás quieta, te digo un secreto luego'. Lo dijo con tanta seriedad que accedí de inmediato.

"Al final del concierto me invitó a comer. Fue una cena normal, en un hermoso restaurante búlgaro de Nueva York. Después del postre, Joaquín se enderezó en el asiento y preguntó si aún me interesaba su secreto.

"–Claro –contesté bromeando–. Si no me lo dices, mañana termino lo que empecé.

"Se sonrojó y empezó a sudar. Bajó la frente y dijo en voz muy baja:

"–No sé por qué te escogí a ti. Necesitaba decirlo hace mucho tiempo. Pero tal vez tú, como triangulista, puedas comprenderme mejor. ¿Prometes guardar mi secreto?

"–Sí –contesté–. Lo prometo.

"Por más de quince minutos miró fijamente la pared que estaba a mis espaldas. Sudaba. No lo interrumpí porque presentía que luchaba contra algo muy fuerte. De pronto, abruptamente, dijo en voz muy baja:

"–Me cago en los platillos.

"Sentí muchas cosas de pronto: que el corazón

me sudaba, que la sangre me ardía en las venas, que mi silla se caía, que el pecho se me hundía. Demoré en recuperarme del impacto. Yo conocía la historia de Joaquín, sabía quién era. Durante mis veranos en Puerto Rico siempre oía nuevas historias en torno a su leyenda. Ya se usaba, con bastante frecuencia, el término Señor de los Platillos para describir su dominio del instrumento. ¿Cómo era posible, entonces, que nadie menos que el Señor de los Platillos, el Apóstol de los Platillos, aborreciera su instrumento?

"–Pero ¿tu dedicación? –pregunté atónita–. ¡Eres una leyenda!

"–Hubo una vez en que amé los platillos –dijo con voz triste y dulce–. Pero ya no. He logrado la perfección. Los platillos han dejado de ser un reto. ¿Entiendes?

"–Bueno... –titubeé.

"–Cuando termine mis estudios iré a Puerto Rico y daré el jodido concierto que todos me exigen. Uno sólo. Luego abandonaré los platillos para siempre.

"–¡Pero has enloquecido! –exclamé confundida.

"–Todo lo contrario –dijo tranquilamente–. No ves que después del concierto mi vida será un anticlímax. Le tengo horror a la mediocridad.

"Guardó silencio durante varios minutos y luego siguió hablando en voz baja.

"–Quiero hacer como los bailarines, como los atletas, como Cristo: retirarme joven y dejar mi gloria inmaculada. Me aterra el patetismo.

"–¿Pero qué harás? –exclamé alarmada–. ¿Cambiarás de profesión? ¡Imposible, con tu talento!

"–No –dijo triste–. Por desgracia mis padres determinaron mi carrera hace muchos años. Con el doctorado podré gestionar una cátedra y ejercer la musicología en algún país lejano donde nadie me conozca.

"–¡Dedicarte a la enseñanza! –grité descontrolada–. ¿Con tu genio? ¡Sería suicidio!

"Cerró los ojos con fuerza. Varios comensales dejaron de hablar y nos miraron fijamente. El mozo vino a la mesa y preguntó si todo estaba bien. Joaquín respondió que sí sin abrir los ojos y luego guardó silencio durante largos minutos que yo veía transcurrir como a través de una neblina. La pausa me ayudó a serenar los nervios.

"–Dime la verdad –dije con una tenue sonrisa–. ¿Me estás tomando el pelo?

"–En absoluto –respondió.

"Fue lo último que dijo sobre el tema. Estuvimos mucho más tiempo sin hablar, deprimidos ambos, y sólo nos levantamos cuando el mozo nos indicó que estaban cerrando el restaurante. Cuando salíamos por la puerta Joaquín me hizo una pregunta extraña: quiso saber si yo era feliz.

"Quiero aclarar que nunca volvimos a hablar sobre su secreto y que jamás fuimos novios; sólo amigos, lo cual es decir mucho porque creo que fui el único que tuvo en su vida. Después de ese día conversábamos brevemente durante los recesos y antes y después de los ensayos: en eso consistió nuestra amistad.

"He hablado de Joaquín en pasado. Lo hago porque estoy convencida de que ha muerto. Aquel hombre con quien hablé hace dos años en un restaurante búlgaro de Nueva York era un suicida. Estoy convencida de que intentó decírmelo pero no se atrevió. Hasta el día de hoy he guardado su secreto, pero ahora que ha muerto creo necesario que se sepa la verdad".

     ¿Quién es o fue, en realidad, el doctor Joaquín Carrasquillo? ¿El más grande platillista en la historia de la música caribeña o la pobre víctima de una fatídica crisis existencial? ¿Ha sido el objeto de un nefasto secuestro o de una vil conspiración asesina? ¿Acaso ha huido, horrorizado ante la perspectiva de un reanudado tutelaje familiar? ¿Se habrá suicidado, como resultado de su horror a la mediocridad? Y, por último, la pregunta cardinal que eriza los vellos de todos los admiradores de este gran Predestinado de los Platillos: ¿cuándo escucharemos otro de sus diáfanos y rumorosos platillazos?

EL COMIQUÍSIMO
VENDEDOR DE PISTOLAS

Cuando Rodrigo Huertas abrió los ojos la mañana del 24 de octubre, comprendió de pronto que había agotado todas las opciones menos una: el suicidio. Permaneció en la cama unos minutos más y observó cada detalle del cuerpo desnudo de su mujer: los senos aún firmes, los muslos fuertes, el torso sedoso que tantas veces había acariciado con placer genuino. Pero hacía más de dos años que Rodrigo Huertas era incapaz de sonreír, de disfrutar los placeres de la vida; ni siquiera podía hacer el amor, a pesar de la belleza de su mujer. Le acarició la espalda, las nalgas que durante tantos años lo habían excitado, y al comprobar otra vez más que no sentía nada, decidió de golpe, aunque con cierta tristeza, que había llegado el momento: ese mismo día debía suicidarse. Pero antes la mataría a ella. No era posible dejarla viva: una viuda hermosa y sensual, con fortuna para gastar con otros hombres; la mera idea lo enloquecía. Le pondría fin a todo de una vez: la vida no valía nada.

Por la mañana, luego de irse ella al trabajo, él puso sus papeles en orden e hizo testamento ológrafo en el que dejaba todo a su madre. Al mediodía almorzó langosta en su restaurante favorito y luego entró a la Armería San Judas. Aunque estaba vacía, le dijo en voz baja al vendedor de pistolas que deseaba comprar la mejor y más cara de todas. El vendedor señaló una Mágnum .357 niquelada que yacía sola, sobre terciopelo negro, en la segunda tablilla de la vitrina.

—No es posible encontrar una pistola más mortífera, señor. En todo el mundo, en el planeta entero, no hay una pistola mejor. Tan pronto la saque de la vitrina se la presto para que la sienta. O si quiere la llamo y ella viene sola. Claro, claro, señor, es una broma. No se ofenda, sabe. Me gustan las bromas. Para que le tome el peso, y sienta el balance. Digo, ¿usted la quiere para cazar? ¿Para protegerse de los delincuentes? ¿Quizás para matar a su mujer? ¿La encontró con otro? Claro, señor, es una broma; por supuesto que sí. A nosotros en realidad no nos importa. De hecho, usted ni siquiera parece casado. ¡Lo es! ¡Pero tan joven! ¿Qué fue, un matrimonio concertado? ¿Lo casaron cuando aún era niño? Ja, ja. Vamos, no se ponga tan serio. Es que me gusta alegrarme la vida. Ja, ja. Aquí la tiene, siéntala, acaríciela. ¡Tan joven, no lo puedo creer! ¿Cómo la siente? Tenemos todo tipo de bala, sabe. Hasta de plata, para matar al Hombre Lobo y a Drácula. Se las compramos al Llanero Solitario cuando se jubiló. Ja, ja. Es muy fácil de limpiar. Se desmonta en cuestión de segundos. ¿Cómo la siente? Ah, pero no olvide la apariencia. Siempre digo que un arma es el último recurso, ¿no cree usted? Mire lo fiera que se ve. Porque el león no es tan fiero como lo pintan.

¿Comprende usted? El "lopintan" es más fiero. Ja, ja. Ese es un chiste que me hizo el nene anoche. Ja, ja. Es comiquísimo el muchacho, como el papá. Ja, ja. Pero aquí nosotros decimos que las apariencias no engañan. La pistola se ve fiera y lo es. Intimida sola, sabe. Usted se encuentra de frente con un bandido y le dice "no te muevas o te vuelo los sesos pal carajo" y le garantizo que se orina encima. Porque con una de las chiquitas, con una .22, qué se yo, miran a uno y se echan a reír. Pero cuando ven esta animalita le juro que se tiran al piso a llorar, a rogar, a rezar y hasta declaman los poemas de Bécquer. Ja, ja. No me haga caso, sabe. Es bueno sonreír de vez en cuando. Esta brutona se da a respetar con su sola apariencia. La sotana hace a la pistola, ¿ve usted? Ja, ja. Y para suicidarse no hay mejor arma. Mire, es facilísimo. De hecho, el manual de instrucciones explica cómo volarse uno mismo la tapa de los sesos. Ja, ja. Embuste, son bromas mías. Pero eso no necesita instrucciones. Nada, uno se coloca el cañón aquí en la sien, así, y aprieta el gatillo...

El fogonazo cegó a Rodrigo Huertas. Los sesos del vendedor de pistolas salpicaron el techo y las paredes y se desparramaron por toda la vitrina antes de que el cuerpo, con un enorme hueco encima de la oreja derecha, cayera al suelo. Cuando se despejó el humo y Rodrigo Huertas comprendió lo que había sucedido, no pudo controlar los deseos de reír. Rió a gritos. Rió como no lo había hecho en más de dos años. Rió hasta casi perder la respiración, hasta doblarse, hasta sentir dolor de estómago y lágrimas saladas en la boca. Rió el resto de la tarde en su casa, mientras esperaba a su mujer con verdaderos deseos de verla, mientras escuchaba música y bailaba en la sala por primera vez en más de dos años. Abrió las ventanas y dejó entrar el sol. Y aún reía esa noche cuando hacía el amor; y tan contagiosa fue su risa que la mujer también rió, y ambos rieron, y se besaron riendo, y se amaron riendo, y no pudieron dormir esa noche porque cada vez que Rodrigo Huertas se acordaba del comiquísimo vendedor de pistolas, le entraban deseos incontrolables de reír y de llorar y de asirse a los deleites del amor.

EL LADO OSCURO
DE LA LUNA

SERÁ QUE DESPUÉS DE MUCHOS AÑOS la rutina nos inmuniza, lo evidente se transparenta, está tan allí que no podemos verlo. Sólo así podríamos explicarnos el hecho de que tardáramos veinticinco años en descubrir que nuestras discordias eran exclusivamente diurnas. Las noches, sin excepción, fueron siempre exquisitas; toda mi carne sorbía su carne, nos amábamos hasta que nuestros cuerpos comenzaban a crujir y a brillar y a sudar gotas anaranjadas. ¿Cómo explicar esas noches? Pero apenas salía el sol actuábamos como enemigos, hablábamos a regañadientes, uno de nosotros tiraba la plancha al suelo, el otro golpeaba la puerta o la mesa, nos evitábamos e incluso hubo momentos en que llegamos a pegarnos. Al principio, claro, no entendíamos lo que sucedía porque pasábamos la mayor parte del día en el trabajo y cuando nos juntábamos ya era de noche. Llegamos a creer que las mañanas de frialdad y malacrianzas se debían a nuestro cansancio de la noche anterior, la cual habíamos pasado, como siempre, haciendo el amor y despreocupados por el día siguiente. Pero después de veinticinco largos años de matrimonio nos hemos enfrentado al hecho duro y real de que no nos soportamos durante el día; la noche es nuestro único espacio común y el sol es el más virulento de nuestros enemigos.

El descubrimiento fue reciente: hace apenas unas semanas hacíamos el amor como de costumbre, durante horas, y habíamos perdido la noción del tiempo. Tomamos un descanso para fumar cuando casi sin pensarlo me levanté a descorrer las cortinas.

–No lo hagas, mi amor –dijo–. No sepamos si es de día.

Volvimos a la cama y al amor desenfrenado. Y más tarde, cuando nos mordíamos los cuellos juguetonamente, nos miramos de golpe, conscientes ambos de que algo muy serio acababa de ocurrir. Después de veinticinco años de confusión, de pronto habíamos declarado silenciosamente la guerra al sol. Nunca lo discutimos ni planeamos explícitamente, pero desde ese momento vimos nuestro futuro muy claro: con timidez y disimulo al principio, y luego con una insistencia que rayaba en el descaro, nos dedicamos a borrar de nuestras vidas la presencia del sol. No es fácil entender cómo, después de veinticinco años, de golpe todo tomó una velocidad tan alucinante, porque a las pocas semanas entró a la casa con un ramo de mis flores favoritas, dama de noche, y luego anunció durante la cena:

–A partir de mañana sólo trabajaré después del mediodía.

Al notar mi sorpresa añadió:

–Dormiré las mañanas enteras y seré tuyo toda la noche.

No fue necesario discutir los pormenores, los sacrificios económicos, el cambio radical de nuestras vidas. Hurgaba mi rostro buscando una señal y entendí entonces que nuestro futuro dependía de un gesto mío.

—Haré lo mismo —dije sin titubear—. Dormiremos de día.

Nuestro ingreso se redujo en un instante a la mitad.

Pero en adelante toda la noche sería nuestra y podríamos disfrutarla completa, sin preocuparnos por la alarma del reloj o por el sueño perdido. Ese día nos separamos definitivamente de las manadas de tontos que pierden la noche durmiendo. La mañana entera la dedicaríamos a dormir con las cortinas cerradas, luego saldríamos rápidamente al mediodía y no volveríamos a encontrarnos hasta el anochecer, cuando nuestras vidas reencenderían como las estrellas y nos daríamos por completo al amor y a la carne.

El cambio de horario trajo consigo un agradable resultado imprevisto: aumentó nuestra intensidad. Aunque pasábamos juntos muchas más horas, la noche entera hasta el amanecer, no podíamos parar ni cansarnos, siempre más sedientos de sexo y aterrados ante la inevitable separación del mediodía. Los sábados y domingos, antes de que anocheciera, se tornaron intolerables y masoquistas; pero tan pronto anochecía nos amábamos hasta derretir las sábanas, frenéticamente, sin descanso, como si cada instante fuera el último de la noche y de nuestras vidas. Esos atormentadores fines de semana diurnos los pasábamos leyendo o frente al televisor, cada uno en una habitación distinta de la casa, y cuando era inevitable comunicarnos lo hacíamos con una furia más hiriente cada día. Como era de esperarse, eventualmente comenzamos a usar palabras feas y a insultarnos sin el menor disimulo. Si yo preparaba una ensalada a la hora del almuerzo, tiraba el plato sobre la mesa y gritaba:

—Ahí está tu plato, imbécil.

Su respuesta era similar: tiraba el libro contra la pared o apagaba el televisor con el puño y decía entre dientes:

—Vete a leer para el carajo.

Pero apenas huía el sol maldito, apenas esa abominable y asquerosa bola de fuego amarillento se hundía en su merecido infierno, nos buscábamos enfebrecidos por toda la casa y no importaba que fuera en el baño o en la cocina porque dondequiera que estuviéramos hacíamos el amor. Olvidábamos por completo las malacrianzas del día porque aquellas noches eran sólo Brahms y sexo y amor y lenguas y besos y cama y saliva y piel y sudor y Vivaldi. Nunca hicimos un esfuerzo por explicarnos la forma en que aumentaban nuestras energías, cómo lográbamos esas largas noches ausentes de fatiga y cargadas de magia. No sabíamos por qué, pero ahí estaban esas noches nuevamente adolescentes, cada vez más potentes y cercanas al paroxismo.

Nuestra irritación diurna, sin embargo, había comenzado a salir de la casa y a afectar nuestros empleos. Durante el día éramos dos neuróticos unidimensionales, seres irascibles obcecados con la llegada de la noche. Las horas en que brillaba el sol eran un suplicio, la más grotesca de las agonías. Cuánto envidiábamos el lado oscuro de la luna, ese hermoso y romántico lugar donde la noche es perpetua.

Algo tenía que pasar, algo dramático que aliviara nuestra cruz, y lo cierto es que comenzó a ocurrir hace ocho días cuando despertó llorando con dulzura. Primero me inundó una fuerte congoja, pero al tomar su cabeza entre mis manos me maravillé. A pesar de que tiene el pelo completamente blanco hace más de siete años, esa mañana despertó con la cabellera más negra y brillante que yo había visto en toda mi vida. Y más tarde, después del desayuno, tuve que desistir de la idea de ponerme nuestra blusa favorita, la negra, porque al intentar vestirme se me cayó al piso tres veces y luego perdió dos botones.

Pienso que fueron señales, porque esa misma noche llegó del trabajo con cuatro galones de pintura negra, dos brochas, grabaciones nuevas de Brahms y Vivaldi y dos botellas de champán. Hicimos una excepción. Pospusimos el sexo por unas horas y nos dedicamos a otras cosas: pintamos de negro los cristales de todas las ventanas, vedándole así la entrada al maldito sol de mierda y sumiendo la casa en la más absoluta oscuridad. Cortamos el cable del teléfono; escondimos en el clóset todos los relojes, espejos, televisores y radios; colocamos un letrero en la puerta que decía: "Nos fuimos de viaje"; y luego, locos de felicidad, condenamos la puerta con clavos.

Eso fue hace ocho días; desde entonces hemos vivido una noche tan perpetua como la del lado oscuro de la luna. Ya desistimos de buscarle una explicación a esta apoteosis que cada minuto aumenta y disfrutamos más, aunque confieso que tengo los labios hinchados y me duelen los pezones. A pesar de esta larga e ininterrumpida fiesta de amor y sexo sabemos que muy pronto empezará el hambre, el ardor en los intestinos, el amargo sabor en la boca. Pero no importa. Juntos, siempre juntos y enamorados, iremos perdiendo las fuerzas. La muerte nos encontrará en la cama, en medio de un orgasmo, o en el sofá, oyendo a Vivaldi y acariciándonos la piel, besando él mis pezones ardientes, oliendo yo su hermoso y perfumado cabello, o abrazados y sonrientes ambos en algún rincón de la casa, felices al fin porque somos dueños de una eterna noche de amor, larga y oscura como la sombra del universo.

Última noche

a Julio Cortázar

SON UNOS FANÁTICOS del cine, por eso caminan bajo la lluvia ridícula a pesar del presagio de fiebre y el dolor de garganta que sintió Luciano al dejar la oficina. Pero hoy es la última noche y es imposible que personas como ellos, habitantes asiduos de la capital de un país sin selvas, dejen de ver *La selva del deseo*. La fila de concurrentes, envuelta en impermeables negros y resbaladizos, serpentea lentamente hasta la puerta del cine. Comprados, como de costumbre, el refresco de Luciano y el popcorn de ella, tienen la suerte de hallar butacas aceptables. Luciano, cortésmente, ayuda a Nélida a quitarse el impermeable empapado mientras ella comenta que hubiera preferido traer al niño porque es la primera vez que salen solos y ya lo echa de menos. La oscuridad repentina le ahorra a Luciano el esfuerzo de responder; le basta mirarla, sentada a su derecha como de costumbre, y hacer un gesto vago con la cabeza. Se van hundiendo en la trama lentamente, como en arena movediza. La rubia de senos asombrosos llora con desconsuelo y se cubre la cara con dos hermosas manos blancas. La blusa, abotonada con descuido, muestra un enorme busto exaltado. La rubia de senos asombrosos vuelve a levantarse de golpe y hace otro impaciente esfuerzo por huir de la caseta e internarse en la selva oscura. Todos deben retenerla, exigirle cordura. La rubia de senos asombrosos deja de llorar y vuelve a sentarse en el catre. Aparenta calmarse pero un close-up secreto, fugaz, denuncia su engaño. Le indican que el niño aparecerá, que docenas de hombres con adiestramiento especial llevan horas buscándolo. Según pasa el tiempo, los amigos, confiados, la vigilan menos. La rubia de senos asombrosos aprovecha un descuido, patea el quinqué, y oculta bajo el caos se fuga. Ansiosa, se interna en la selva y sus botas de cuero brilloso parten ramas, asustan animales invisibles y se hunden levemente en la tierra blanda. Está a punto de sentir miedo cuando oye los gritos:

–¡Mamá! ¡Mamá!

La rubia de senos asombrosos no puede con el palpitar de su pecho, siente que es capaz de cualquier cosa por su hijo, que podrá escarbar la selva entera con las manos y los dientes, que podrá arrancar cada árbol uno a uno. De pronto, entre la oscura frondosidad de la selva, ve un rayo vertical de luna, del ancho de una columna de mármol. Corre hasta la luz y al tocarla desaparece de la pantalla. Desde lo alto la cámara omnisciente la muestra sentada en el fondo de una fosa, herida; los rayos de luna resplandecen con furia sobre la cabellera rubia y sobre los cuerpos sedosos de las víboras. La rubia de senos asombrosos se saca la tierra de los ojos y grita salvajemente al ver a su niño hinchado nadando entre las víboras.

Luciano, anhelante, cierra los ojos. Pide con vehemencia. Ruega hasta sentir el sudor bajándole por el cuello. Cuando reabre los ojos nota que la rubia de senos asombrosos ha logrado agarrar al niño; lo abraza, le arranca las víboras resbalosas del cuello y de los brazos. Varias serpientes se enrollan a los hermosos muslos de la rubia de senos asombrosos. La muerden repetidamente en los brazos carnosos, grita; en los muslos desnudos, grita; en el blanco y perfumado cuello, grita. Besa al niño con desesperación, le humedece la cara con lágrimas. Luciano, en su butaca, vuelve a cerrar los ojos: suplica, exige. Lentamente gira la cabeza a la derecha y cuando abre los ojos ve la bolsa de popcorn sobre la butaca vacía. Aprensivo, mira otra vez a la pantalla y ve la cara angustiada de Nélida, con el niño en el fondo de la fosa. Ella le extiende los flacos brazos mordidos, le pide ayuda, con los ojos le ruega, le dice que entiende, que se resigna, pero que por favor salve a su hijo. Luciano, nervioso, se levanta un poco en el asiento y mira a su alrededor. Se tranquiliza al comprobar que el público sigue ajeno y que nadie lo acusa. Mira a la pantalla por última vez, le sonríe a Nélida con burla, hace un círculo con los labios y emite un **no** silencioso. Se levanta, recoge el popcorn y el impermeable de Nélida, sale solo a la calle, las gotas frías de lluvia bajándole por el cuello, arrastrando un impermeable que seguramente tirará en alguna alcantarilla. Sabe que al regresar a la casa, al abrir la misma puerta que tantas veces ha abierto con resignación, se le abrazarán al cuello los brazos carnosos y tibios de la rubia de senos asombrosos que lo espera con dos copas de coñac.

LAS CONFESIONES DE MIŃI

PARA SER LINDA HAY que sufrir.

Eso lo sé yo hace un reguerete de siglos, aunque en esta cárcel parece que nadie, repito, na-die, lo sabe. Ay, miren, yo me voy a poner ma-al. Está bien, está bien, yo sólo tengo trece años, como dicen e-llos. Pero yo sé de sicología y de los problemas de la mente, de los horripilantes traumas espantosos que le dan a una cuando el marido te deja por una mujer más joven o una amiga te da una puñalada traicionera por la espalda o cuando... cuando le llega a una la menopausia y el esposo no comprende. Yo sé de eso porque yo leo y contesto to-dos los cuestionarios que salen en las revistas que saben de estas cosas. Por eso yo sé que debo estar al borde de la neu-ro-sis, porque hace semanas, meses o tal vez años que no puedo sonreírme con nadie. Ya no me divierto con el entusiasmo de los tiempos de antes. Como que me canso.

¿Alguna de ustedes leyó "La depresión avisa"? Es un artículo de lo más interesante. Salió en *Vanidades* hace poco. Yo lo leí. Por eso sé que estoy ma-al. Me lo aprendí de memoria. ¿Alguna de ustedes conoce los síntomas de la depresión? Miren, yo los sé todos: Cansancio y sueño injustificados, Alteraciones en el sueño normal, Inexplicables y frecuentes dolores musculares, articulares o de cabeza, Malas o interrumpidas digestiones, Cambios inexplicables en el estado de ánimo y... bueno, otro síntoma es... bueno: Falta de interés sexual. Miren, según el artículo, yo necesito ayuda profesional ur-gen-te.

En esta casa algo anda mal, muy mal. Pero la culpa no es mía. Oh, no. La culpa la tiene la maldita terquedad de mis papás. Esa odiosa resistencia a aceptar que ya soy toda una se-ño-ri-ta. Porque todavía quieren tratarme como a una ni-ña. ¡Jum! ¡A mí! ¡Ja! Me río. Sí, me río. ¡Ja!

Prohibirme el maquillaje, por ejemplo, que total es una tontería de ellos porque yo llevo muchos años practicando con las amigas a ponerme el blush y las sombras. ¿Y qué me dicen de pintarme las cejas? Desde niña soy una experta porque no me he perdido una sola de las importantes lecciones de *Vanidades* ni de *Cosmopolitan*, *Tú*, *Coqueta*, ni de *Caricias*. Es verdad que sólo tengo trece años de edad, pero estoy más al tanto que mami porque cualquiera sabe que las sombras verdes pasaron de moda hace un montón de si-glos, ¡qué horror! Pero mami sigue usándola y cuando yo se lo digo –por su propio bien, para que no parezca una jíbara– ella me pasa la mano por la cara y me dice ¡ay, mi palomita, mi linda Miñi –yo me llamo Miñi– pero qué mucho tú sabes! Pero a pesar de eso mami no me hace un chin de caso. Sigue usando esa feísima sombra verde. Además –y esto sí que es grave– ayer mami comió sopa de cebollas a pesar de que papi no las probó. ¡Qué escándalo! ¿Cómo pudo hacerlo? La semana pasada la revista *Coqueta* lo dijo muy claramente: "Nunca coma sopa de cebollas a menos que él también lo haga". Es una regla elemental, bá-si-ca. Y mami lo sabe porque yo misma le di el consejo para que lo leyera. Y ella me dijo: ¡ah, Miñi, pero mira qué bien, qué mucho sabe mi nena! Pero no. Aun así ¡cometió la horrible violación! ¡Se comió las sopas de cebollas! ¡Fo! ¡Qué asco!

A pesar de todas estas clarísimas confirmaciones de mis vastisísimos conocimientos profesionales de cosas de mujeres, dale que dale con las prohibiciones y con la perpetua humillación a que e-sos me tienen sometida. Fíjense, hoy volvieron a castigarme. Por eso es que estoy aquí encerrada, en mi cuarto. Me río, ¡ja!, me río. Yo sé que ustedes –seres obviamente inteligentes– se han quedado sorprendidos y no pueden creer que éste sea el cuarto de una señorita.

Pues sí. Para que vean la forma en que me tratan, ¡como si yo fuera una nena! Miren las tonterías que me han puesto en la cama. ¡Miren! Ositos de peluche, lacitos dondequiera, muñecas, porquerías, porquerías. ¡Me humillan! Miren esto: cuentos infantiles. Blanca Nieves, ja. La Cenicienta –que era una masoca morona–, la estúpida Bella Durmiente. ¿Cómo puede una se-ño-ri-ta divertirse leyendo semejantes porquerías? Pero esto no es nada: también tengo que soportar a papi cuando le dan las ganas de subir a leerme esas estupideces morbosas. Él cree que me está haciendo un favor, pero a mí me aburren esas historias porque la Bella Durmiente era una aguajera y se estaba haciendo la dormida, yo lo sé. Haciéndose la muerta para que la cargaran: de eso sé yo.

¿Y qué me dicen de la Cenicienta? ¿Ustedes conocen el cuento? Miren, ella tenía una madrastra que no era mala sino malísima, sadista, sicópata; era mala pero mala, mala de verdad. Terrible. Y de las hermanas ni hablar porque eran un ca-so, un caso clínico de abusadoras sadistas; jamonas. Les gustaba humillar, arrastrar y abofetear a la masoquista de la Cenicienta, que sólo Dios sabe cuánto disfrutaba esta sinvergüenza, cuánto se deleitaba con su teatro de mártir boba, de pégame que yo aguanto, sácame sangre que no me importa, hagan conmigo lo que quieran que yo sufro. ¡Tan imbécil! Pero ¿quién era esta famosa Cenicienta, se preguntarán ustedes? Pues era una zángana tan y tan puerca que nunca se bañaba ni se lavaba ni poseía los más mínimos conocimientos de cosas de mujeres. De hecho, en el cuento no hay una sola mención de la marca del maquillaje de ella ni se dice cómo cuidaba de su cutis, aunque dudo que lo hiciera. Era realmente una niña silvestre, realenga, porque se pasaba durmiendo entre las cenizas de la chimenea. Como siempre tenía todo el cuerpo y la cara embarrada de ceniza, pues le pusieron "La Cenicienta". ¿Entienden? Digo, había unos que le decían "La Mugrienta" y hasta otros que le decían "La Puerca". Pero "La Cenicienta" fue el nombre que más pegó. ¿Entienden ahora?

¿Y esta puerca, de dónde salió? Pues ella era una muchacha, bonita en el fondo, que perdió a la mamá cuando pequeña; la pobre, bendito. No sé de qué murió la mamá, pero me imagino que –con la delincuencia como está– debió de haber muerto en un asalto o algo así. Entonces el papá se casó con la madrastra mala, que tenía esas tres hijas asquerosas. Las cuatro trataban a la Cenicienta como si fuera una tarántula o Frankenstein y el papá parece que era un asno becerril porque ni cuenta se daba. Yo creo que el papá era retardado porque una no debe dejar que abusen de los hijos así, ¿verdad?

Bueno, la cosa es que la madrastra se encargó de la casa y trataba a las tres hijas como si fueran princesas y a la Cenicienta como si fuera ácido muriático. Pero la madrastra parece que no era tan vieja ni tan monstruosa –yo me imagino que sabía arreglarse bien– porque se las pasaba metida en discotecas y fiestas y parece que los hombres se fijaban en ella –quizá era una coqueta o se meneaba mucho– la miraban a ella pero no miraban a las hijas porque eran unos adefesios. Y el papá no se daba cuenta de nada. Y la Cenicienta rogaba y pedía y lloraba y se humillaba pero nunca la llevaban a las discotecas. Francamente, la puerca como que no tenía dignidad.

Bueno, la cosa es que un día la más famosa discoteca del país anunció un bótate, un fiestón bien famoso al que iban a ir todos los hombres guapos del país. Y había un millonario que parece que tenía un hijo medio bobo porque él quería que fueran las muchachas más lindas para escogerle una esposa al hijo bobolongo.

Miren, el resto del cuento no vale la pena contarlo, porque todas esas imbéciles se matan y pelean y lloran para atrapar a ese zángano y yo, francamente, les digo que si un muchacho no puede conquistar a una muchacha por sí solo, entonces no vale la pena. A mí, personalmente, me gustan los muchachos con carácter y que no tengan que estar pidiéndole el carro prestado al papá.

Pero vamos a olvidarnos de esas historias idiotas. En este momento yo tengo un problema mucho más serio. A mí nadie me entiende. Eso es lo que pasa en esta casa. Nadie sabe que ser bella requiere esfuerzo: ¡para ser linda hay que sufrir, yo lo leí en *Coqueta*! Pero ¿acaso creen ustedes que me permiten comprar —con mis propios ahorros— un espejo con tres tonalidades de luces? ¿Para maquillaje de día, de tarde y de noche? ¡Jamás! Sinceramente, ¿pensarían ustedes, a simple vista —digo, si no fuera porque ya me conocen y me han visto— pensarían ustedes que éste es el cuarto de una señorita como yo?

Imposible, claro está. Pero para que vean. Y, como les decía, pues sí, estoy castigada hoy. ¿Saben por qué? Porque me puse unas lindas medias de nilón. Por eso nada más. Por una tontería. Porque, total, cuál es la diferencia. Y yo las compré con mis propios ahorros de toda la vida. Ni siquiera molesté a e-sos pidiéndoles que me las compraran, porque yo tengo dignidad y hace años que ya no se los pido. Para ahorrarme las humillaciones de papi, que se pone a reírse tan... ¡Ay, qué odioso! Yo me fui con Sandra —mi amiga íntima— a la farmacia. Pero las pedí yo solita, por número y color. El farmacéutico se quedó impresionado, lelo, y me las buscó. Pero llegó la morona que trabaja allí y me preguntó "¿son para tu mamá, ne-na?" ¡Ay, tan estúpida! Pero yo no le contesté. Hace... creo que hace como cinco semanas salió en la revista *Tú* el artículo de "Cómo una dama debe responder a preguntas tontas". Yo lo leí, aunque obviamente ya yo lo sabía. Podríamos decir que lo leí por encima, lo repasé, para refrescarme la memoria. Miren, hay muchas formas de responder. Pero mi favorita es la técnica del desprecio: una sonríe con desprecio, mira de arriba abajo a la persona y luego la ignora. Eso fue lo que hice. La miré a-sí y luego puse el dinero sobre el mostrador. Ella que-dó. No dijo otra palabra, no se atrevió, porque yo me paso diciéndoselo a Sandra, que una tiene que saber darse su lugar, hay que tener dig-ni-dad.

Bueno, la cosa es que nos fuimos al baño de la escuela. Me quité estas medias gordas de algodón blanco y vul-gar y me puse las de nilón. Se me veían las piernas tan largas y lisas y tan lindas. Debe ser por eso mismo que la maestra llamó a mami para que me fuera a buscar a la oficina de la principal y mami llegó toda sofocada. Porque es envidia, no quieren que yo me vea linda, rehúsan aceptar el hecho de que yo soy toda una señorita. Y lo que quieren es que yo ande por ahí como un macho, con la cara hecha un asco, porque ni crema limpiadora me dejan usar, y quieren que me exhiba públicamente con estas medias tan infantiles y vulgares que total son para niñas, y tal vez se vean bien en ni-ñas, pero no en una señorita de piernas tan bien formadas como las mías. ¿Verdad que no?

¡Ajá, aquí es! En la página treinta y siete. Yo estoy preocupada, porque aquí en *Vanidades* dice que las preocupaciones causan arrugas, y hace semanas, meses o tal vez años que yo no me sonrío. Esta guerra con mis papás, con e-llos, me está destruyendo los nervios, está acabando con mi vida. Hoy mismo se lo dijo la maestra a mami, al frente mío. Le dijo "Señora, Miñi vive obsesionada y ya ni juega ni sonríe. Esta rabo de nena tiene una 'paraera' que se cree una dama muy seria. Hay que enseñarle juegos y contarle chistes". Así le dijo. Tan morona la maestra ésa, tan estúpida. Como si con esas cosas de nenas pudieran entretenerme a mí. Aunque yo sólo esté en el octavo grado, eso no es poca cosa. Pero no, no quieren entender que ya soy una señorita. Yo no sé por qué tanto problema. ¿Por qué? ¿Alguno de ustedes sabe?

Miren, basta con que me permitan vestir y actuar de acuerdo a mi edad para que todo se arregle. Que me dejen protegerme el rostro como debe ser. Con eso bastaría. Y si no me creen capacitada, pues que me pregunten, vamos, que me hagan una prueba cualquiera, en confianza. Que me pregunten cómo se aplica una mascarilla o cómo se hace un dubi dubi o cómo se hacen los tips. Sobre cualquier cosa, que me examinen. Pero no. Porque yo sí sé lo que hay que hacer, pero son e-sos –sobre todo mami, porque papi siempre se echa a reír– son e-llos los que se creen que yo no sé. ¡Está bien, está bien! Ellos insisten en humillarme. Pero ya verán. Porque el día menos pensado me voy con Sandra a París o a Mónaco y conoceré a un millonario guapísimo y me casaré.

Y después ellos vendrán a pedirme perdón. Me van a traer cajas enteras de blush y bases y mascarillas y sombras. Cajas completas. Y me traerán medias de seda del Japón y me dirán "Ay, Miñi, póntelas para verte", pero ya será tarde porque eso sí: yo no perdono. Yo soy muy rencorosa.

Yo se lo digo a mami, estoy cansada de decírselo. Le digo: "Mami, para ser linda hay que sufrir". Yo sé que hacerse dubi dubi no es la cosa más fácil del mundo: los pinches se le entierran a una en el cráneo y provocan pesadillas. Ay, y al otro día peinarse para el otro lado. Qué pugilato. ¿Y qué me dicen de dormir con rolos todas las noches, a riesgo de que el marido crea que una es marciana o lunática? ¡Y las jaquecas con que despierta una! Yo sé todas esas cosas. Sacarse las cejas, por ejemplo, qué suplicio, es como si nos estuvieran torturando los na-zis. Todo esto duele. Duele cuando una se corta al afeitarse las piernas. Duelen los mahones súper apretados que detienen la circulación de la sangre. Duelen los tacos altos y hasta pueden deformarle la espalda a una para toda la vida. También sé que duele hacerse el roto en las orejas. ¿Y qué me dicen del riesgo de afeitarse las axilas? Yo lo sé. Pero hay que sufrir, ése es el precio que toda mujer de verdad debe pagar. Es la única forma de conquistar un buen partido. ¡Yo lo leí! Hace como dos meses *Caricias* dijo: "La belleza no nace, se hace". Pero ¿qué quieren e-sos? ¿Quieren que la Miñi se quede atrás?

Miren, yo no puedo decir que tengo todo lo que necesito; pero tengo lo básico. Noxzema, miren. Yo sé ponérmela. Ahora mismo debería de hacerlo antes de acostarme. Estoy segura de que en cualquier momento me va a salir una pata de gallina a causa de todos estos problemas. Pero no vale la pena porque en cualquier momento e-sos van a entrar aquí a desearme buenas noches —hipócritamente, claro—. Porque en verdad lo que van a hacer es molestarme, dañarme la cara con tantos besos y después arroparme como si yo fuera una paralítica. Papi enseguida viene a decirme "¿no quieres que te arrope, Miñi?"; ¡tan zángano! Por eso no puedo ponerme la crema y tengo que esconder todo esto en el fondo del baúl, debajo de las sábanas y las colchas. ¿A que ustedes no pueden creerlo? ¿A que están en shock, atacados ante mis palabras, ante el hecho de que no me permitan arreglarme como se debe? ¿Verdad que sí? Pero es la verdad, ustedes vieron cómo tengo que esconder mis cosas en el baúl. Miren: base, sombra, lápiz labial, máscara, blush. Lo tengo todo y sé usarlo. Pero voy a guardarlo porque ya mismo llegan y ¡ay Dios mío! si me cogen esta caja.

Pues yo lo siento. Si e-llos no se dan cuentan, hay per-so-nas que sí se dan cuenta. Miren, les voy a contar todo. Absolutamente todo. Ayer también me castigaron porque mami notó que yo me había sacado un poquitín de cejas. ¡Qué tontería, verdad? ¿Qué quieren? ¿Van a esperar a que yo me quede ciega? ¿A que los pelos de las cejas me lleguen a los labios? Miren, miren bien. Apenas se nota, ¿verdad? Lo que me saqué fue casi nada. Me saqué un poquitín aquí sólo para perfeccionar el arco. Porque leí un artículo en *Cosmopolitan* que decía: "Las cejas son el marco de ojos bellos".

No me dejan sacarme las cejas, me obligan a ponerme porquerías apestosas como Nenuco o Tinkerbell, no me dejan usar champú de jojoba, no me dejan pintarme las uñas. Miren, yo vivo una cruz, una cruz como nuclear. ¿Qué trabajo le costaría a papi comprarme el perfume Paloma Picasso o Bal à Versailles, en vez del apestoso Tinkerbell, que lo que huele es a nena? ¿Por qué una señorita como yo no puede usar champú de jojoba con ph individual? ¿Por qué no puedo pintarme la uñas o ponerme calcomanías?

¿Por qué no me dejan someterme a la rutina completa de belleza de sólo 48 horas? ¿Alguien aquí sabe cuál es? Salió en *Vanidades*, hace pocos meses. ¿No saben? Bueno, una convierte la casa de una en un spa durante el fin de semana, y el lunes amanece más bella. El sábado por la mañana una exprime el jugo de seis naranjas y lo toma durante el día. Cero comida; es una dieta muy estricta. El domingo sólo se puede comer un poco de frutas y vegetales. Nada más. Y ambos días, sábado y domingo, los pasa una bajo tratamiento. Se comienza con una serie de ejercicios para tonificar el cuerpo, pero no se los voy a explicar ahora porque son complicados y hay que tener un poco de experiencia, como es mi caso. Ahora, después de los ejercicios y el jugo, el primer día, una lo dedica a los tratamientos especiales: depilación con cera, un facial profundo, un tratamiento revitalizador para el cabello y un gran baño de belleza, incluido un masaje con guante de crin para eliminar las células muertas. Eso es el primer día. Una hace todas estas cosas con calma, oyendo música o hablando por teléfono. El segundo día lo dedica una a un fabuloso manicure y pedicure, para mostrar manos y pies envidiables. Eso es todo. Muy sencillo, ¿verdad? Pero yo no puedo hacerlo, ¡ni siquiera me permiten comprar un sencillo guante de crin! ¿Lo pueden cre-er?

Ustedes no piensan que todas estas cosas son tonterías, ¿verdad? Ustedes sí saben cuán importante es todo esto, ¿no es así? Pero ¿quieren saber re-al-men-te por qué es que yo ya no puedo reír, por qué mi vida es una cruz nuclear? Los domingos. Sí: los domingos. Siempre me preguntan qué quiero hacer y siempre respondo igual: ir a una discoteca. Digo, yo no estoy loca. Yo sé que yo no puedo beber licor y esas cosas, pero los domingos por la tarde abren para los adolescentes y venden coca colas. Pero no. ¿Saben adónde me llevan siempre? ¡Ja! No me lo van a cre-er: a La Villa de los Sueños, ¡atáquense! O a Villa Coquí, ¡muéranse! ¿Se imaginan? ¿Yo, en un parque de diversiones para niños? ¡Ja!

Papi se pone tan antipático. Siempre me lleva a la chorrera de agua y me dice "Tírate, Miñi, te va a gustar". ¡Ja! ¡Y que a mí! ¡Como si yo fuera una gansa salvaje para estar tirándome por una chorrera de agua! ¡Qué mal gusto! Y además le raspa a una los muslos y las piernas y... bueno, ustedes saben.

Miren, ustedes han sido muy comprensivos, así que voy a ser franca. Yo sé mucho, y de todo. Yo no soy la nena que aquí se creen. Por ejemplo, ¿alguna de ustedes leyó "Cómo seducir a un hombre con los pies"? Salió en... en *Intimidades*. Pues yo me lo aprendí de memoria y todas las noches practicaba con la almohada. Digo, para las que no lo han leído, es la técnica esa de una hacerse la dormida. ¿Ya recuerdan? Una se hace la loca y toca los pies del hombre con los de una. Claro, una debe asegurarse de tener los pies limpios y suaves y las uñas pintadas, lo cual me da trabajo porque mami me escondió la piedra pómez, pero yo uso la de Sandra cuando voy a visitarla. Bueno, entonces una va subiendo los pies por las piernas del hombre, como haciéndose una la loca, ¿entienden? Luego una sigue subiendo hasta llegar a los muslos; pero, ahí una tiene que atenerse a las consecuencias. Y no falla, porque el artículo decía que ellos no pueden resistirse a la seducción de unos lindos pies. ¿Ven como yo sé?

Miren, seré más franca aún porque sé que ustedes no van a mal interpretar: también soy experta en besos. ¿Quién aquí leyó "Diccionario de besos"? ¿Nadie? No lo puedo creer. ¡Pero si salió en *Caricias*! Pues miren, hay cinco clases de besos. Primero está el "beso loco". Es cuando una ve al hombre y como que se vuelve loca y le cae a besos locos. Una lo llena completito de besos por toda la cara. Segundo está el "beso apasionado". Es el que se da con fuerza: el hombre usa los brazos y una pierde la respiración y siente que le van a aplastar la nariz. Tercero, el "beso sencillo", también conocido como "beso puro". Ése es el que el hombre le da a una en la frente. Cuarto está el... "beso de lengua". En ése una juega con la lengua, la mueve como en círculos pequeñitos. Digo, a menos que el hombre sea mayor, porque los hombres mayores no la mueven en círculos sino que le meten completa la lengua en la boca a una, y una deja quieta la lengua y como que deja que él haga lo que quiera. Por último, está el "beso romántico". Éste sólo se le da al hombre que atrae a una. No se usa la lengua: se unen los labios a la vez que se entrecruzan palabras de amor. ¿Ven como yo sé?

Es más, yo no tengo pelos en la lengua, así que voy a entrar en cositas más íntimas. Yo nunca las discuto con nadie, pero se las cuento para que ustedes vean. Miren, yo sé que el hombre también necesita saber que una lo ama, y que hay siete formas de decírselo. ¿Se sorprenden de que yo lo sepa? Yo lo leí en *Tú*. Porque a nosotras nos gusta saber que somos amadas, pero a veces nos olvidamos de que los hombres son más inseguros que nosotras y que el ego masculino está más sediento de halagos que el de la propia mujer. Y fue una cita.

¿Cómo una le deja saber que también una lo ama? Las siete formas son: dejarle saber que una siempre piensa en él; después de un largo día de trabajo darle un buen masaje sin que él lo espere; llevarlo de sorpresa a un restaurante, aunque una tenga que pagar; alimentarle el ego continuamente, motivarlo a superarse; saber escuchar, porque a veces él necesita desahogarse; comprarle un regalo inesperado; y, por último, halagar frecuentemente su inteligencia y talento delante de otras personas. Es posible que se ponga colorado y que te diga que no le gusta, pero en el fondo le encanta. ¡Ven como yo sé!

¿Pero de qué me sirven todos estos conocimientos? ¿De qué? ¡Díganme! Yo he estado controlándome todo este tiempo, pero ustedes sí que son personas decentes así que voy a ser dolorosamente franca: en realidad siempre estoy castigada, este cuarto es como mi presidio. Hace un mes me encerraron durante quince días. Pero admito que esa vez tuve la culpa. ¿Qué hice? Miren, lo que pasa es que mami es una comemierda. Perdonen, perdonen el lenguaje, pero a veces hay que usar palabras fuertes. Se pasa con la casa llena de un montón de si-mias y lo único que hacen es hornear bizcochos y hablar de repostería porque ahora les ha dado con meterse a reposteras y todos los días vienen aquí a comparar recetas y a probar bizcochos. Y cuando no es con la dichosa repostería entonces juegan barajas o hablan de ropa pasada de moda, porque ninguna de ellas sabe lo que está a la moda, ninguna lee *Tú* ni *Coqueta*, y lo que se ponen es ropa de viejas que a mí ni muerta, mejor me pongo un cilicio, me tendrían que torturar y sacarme los ojos para que yo me ponga esas porquerías que ellas usan, y se ponen unos tacos gordos y bajitos que lo que parecen son trompos, ¡qué asco!, y a veces llegan con unos santísimos rolos en la cabeza que ni que fueran un alcantarillado ambulante, una tubería o un taller de plomero. Y cada vez que yo trato de sentarme con ellas me dicen "Vete, rabo de nena, no tienes que escuchar conversaciones de las mayores. ¿Qué se cree la Miñi esta, que lo sabe todo?" ¡Lástima me dan ellas! Si ustedes las vieran. Lo único que hacen es chismear y comer mierda. Pero yo sé mucho más que todas ellas juntas porque hasta se ponen fajas, que eso pasó de moda hace una trulla de siglos, en la época de las cavernas, porque cuando se las quitan apestan a bacalao, ¡lo juro! Le he dicho a mami que lo que tiene que hacer es ponerse a dieta, pero no, se aprieta todo el día con esa porquería de faja apestosa y después se sienta a comer espaguetis y pastas y hasta viandas, ¡Dios mío!, que cualquiera sabe que esas cosas te ponen como una vaca, pero no, mami se pone esa porquería de faja y les juro que lo que parece es una astronauta, y cuando se lo digo me dice que soy una "pará" y que me vaya a jugar y que yo me creo que sé mucho y no sé nada y que yo soy un rabo de nena; ¡ja!, y que decir que yo no sé nada, ¿lo pueden creer? ¿¡¿Lo pueden creer?!? ¡Carajo!

Perdonen, me descontrolé. Es que tengo los nervios en carne viva. Fíjense, hasta pateé el osito de peluche. Perdonen. ¿Por dónde iba? ¡Ah, sí! Pues me castigaron durante quince días porque no aguanté más. Yo estaba en el patio pero las oía en la sala, hablando de modas, y una de ellas dijo que el traje que usó Marisol Malaret durante el último concurso de Miss Puerto Rico era una atrocidad. Así mismo dijo esa bruja: una atrocidad. Yo entré en convulsiones, en shock instantáneo, porque todo el mundo sabe que Marisol es la mujer más exquisita de Puerto Rico y que su gusto es impecable. Marisol jamás se ha puesto un traje de mal gusto, ¡jamás! Desde que ganó el concurso de Miss Universo ha sabido comportarse y siempre viste como una reina, siempre. Pero las viejas éstas la envidian porque no usa faja, eso debe ser. Pero yo no aguanté más y entré corriendo a la sala y le dije a la que insultó a Marisol, le dije "Mire, usted es una ignorante comemierda que no le llega a los talones a Marisol". Así se la raspé, sin importarme lo que pudiera pasar. Todas que-da-ron. Mami me miró como si estuviera soñando. Pero yo no me moví. Y mami dijo "¿Qué tú dijiste, Miñi?" y yo repetí: "Que ella es una ignorante comemierda y que la uña del dedo chiquitito de Marisol vale más que ella".

¡Ay, Dios mío!, ustedes podrán imaginarse lo que vino después. Mami le pidió perdón a la amiga y le dijo que yo no sa-bía lo que estaba diciendo. Y, bueno, ya se los dije: quince días encerrada en el cuarto. Sin televisión, sin radio, sin teléfono, sin amigas; de la escuela al cuarto y del cuarto a la escuela. Sola, prisionera, con la única compañía de estas porquerías de libros y peluches.

Pero la venganza es dulce, como decía un artículo que leí en *Cosmopolitan*. Esa misma tarde, después que mami me encerró en el cuarto, ellas salieron de compras. Mami me dijo que sólo podía salir del cuarto a las tres y media para apagar el horno porque había dejado un bizcocho horneándose. Me ordenó que lo apagara a las tres y media y que de inmediato volviera al cuarto y que no me atreviera a prender la televisión. Pero tan pronto salieron yo fui al patio y con una cucharita recogí un poquito de caca de perro y luego abrí el horno y lo eché dentro del molde porque la mezcla todavía estaba blandita. Después volví a bajar a las tres y media y apagué el horno y miré el bizcocho y les aseguro que no se notaba nada. De hecho, yo no vi nada porque estaba en el cuarto, pero las escuché cuando llegaron: probaban el bizcocho y felicitaban a mami por lo bueno que le quedó. Para que ustedes vean: cuando la Miñi dice "comemierda", es porque la Miñi sabe lo que dice. ¿Verdad que sí?

Bueno, pero ya he quedado en contarles lo que pasó ayer. No, ya les conté que me castigaron por sacarme las cejas. Eso fue ayer. Antier, antier... olvídense, siempre es igual. Miren, ahora sí me voy a dejar de rodeos y me voy a franquear. Esta guerra empezó hace exactamente cuatro meses y cinco días. Les voy a contar lo que pasó para que ustedes mismos juzguen. Pero les adelanto que fue el día más importante de mi vida y que desde entonces ya no soy la misma.

Yo me fui a la escuela temprano pero cuando llegué no entré al salón: me quedé al frente, en la acera, esperando a que sonara el timbre. Me recosté de la verja, en una parte solitaria, y me quedé sola porque odio juntarme con las chiquillas machúas de mi grupo que a pesar de ser del octavo grado actúan como gansas salvajes y son en realidad una vergüenza porque corren y se manchan la ropa y sudan de forma tan varonil que es evidente cuánto les falta un mínimo de dignidad femenina. Ellas, a veces, me pasaban por el lado y me saludaban pero yo les viraba la cara porque total ya no sé sonreír y mi vida es un suplicio.

Bueno, yo estaba así, esperando a que tocara el timbre, cuando noté que Ricardo –el muchacho de noveno grado que tiene los ojos bellos– se me estaba acercando. Tenía las manos en los bolsillos y pitaba. Llegó hasta mí y se detuvo. Yo seguía mirando en otra dirección porque leí que las mujeres no debemos ser afrentadas. Pero de pronto Ricardo se puso una mano en el pecho, se inclinó levemente hacia el frente y me dijo: "¿Puede usted darme la hora, señorita?" Yo que-dé. Sentí que me faltaban las fuerzas. Las rodillas me temblaron, la sangre se me subió al rostro. Empecé a sonreír como jirafa borracha. Perdí todo control de mí, porque era la primera vez en mi vida que me decían "señorita". Creo, incluso, que sufrí una leve taquicardia. Pero yo llevaba años preparándome para ese día. Hice acopio de fuerzas, recordé todas mis lecturas, invoqué los nombres de Marisol Malaret, de Deborah Carthy Deu y de Ana Santisteban, pensé en todas mis demás ídolas, y pude al fin controlarme. Me acordé de un artículo de *Vanidades* que se llamaba "¿Qué hacer con la boca y las manos en esos momentos incómodos?" y otro de *Coqueta* que se llamaba "Muestra seguridad en ti cuando hables con un muchacho". ¿Alguna de ustedes los leyó? Yo había practicado muchas horas frente al espejo, así que lo primero que hice fue dejar de sonreír como una idiota tartésica y hacer un pequeño círculo con la boca. Luego me agarré las manos frente a la cintura para dejarlas quietas y no moverlas como una epiléptica. Me acordé de otro artículo de *Tú* que decía "Cómo ganar tiempo durante esos momentos embarazosos". ¿Ustedes lo leyeron? No me costó esfuerzo. Casi sin pensarlo dije: "¿Perdón?" Y él volvió a decir: "Señorita, que si puede darme la hora". Yo se los digo, a mí las lecturas de las revistas me salvaron la vida. Cuando él me repitió la pregunta ya yo me había recompuesto. Seguí con la boca así, haciendo una "o", y le dije con la voz más dulce que he usado en toda mi vida: "Sí, no faltaba más. Son las ocho". Entonces él se enderezó y dijo: "Gracias, señorita". Yo respondí: "De nada, caballero". Pero en ese preciso instante sonó el timbre. Él dio la vuelta y se fue, sin decir otra palabra. Yo me recosté de la verja unos minutos para recobrar las fuerzas. Nadie me vio ni se dio cuenta, pero yo sentí mi transformación, sentí cómo me convertía en otra. Pude, por fin, regresar a la realidad. Cuando recogí los libros me entró de pronto como una carga de energía, tanta fuerza y alegría que estuve a punto de salir corriendo para el salón, pero no lo hice porque recordé que yo era toda una señorita y que las señoritas no corren como bestias. Todo lo contrario: caminé lentamente, con las espalda muy derecha, un pie frente al otro, acomodándome los cabellos con la mano libre y prometiéndome que tan pronto me dieran permiso me daría un permanente porque ya estaba bueno de parecer una india taína.

Eso fue lo que pasó el día más importante de mi vida. Cuando llegué a casa por la tarde se lo conté a mis padres mientras cenábamos. Papi me miró un poco raro y a mami le dio coraje y me dijo que dejara de estar leyendo tanta porquería y que no quería verme hablando con muchachos. ¡Se fijan, es envidia! Mi vida es un suplicio, una cruz nuclear.

Bueno, ya me voy a acostar. Ha sido un placer confesarme con ustedes. Yo necesitaba un desahogo. Pero debo dormir ocho horas para que no se me dañe la cara. Ya sé lo que va a pasar mañana por la mañana, y estoy resignada. Será lo mismo de todos los días. Cuando baje a desayunar estaré irritada y de mal humor. Contestaré con monosílabos a las bromas de mal gusto de papi y no le haré caso a las miradas regañonas de mami. No me molestaré en pedir café porque ya no estoy como para la misma pejiguera de que soy muy niña para tomar café y que las niñas buenas toman leche. Tendré que pedir la bendición antes de salir, porque de lo contrario me vuelven a castigar. Pero la pediré bien bajito, sin casi abrir la boca, y no diré "bendición, mamá", sino solamente "bendición", a secas. Papi va a decir "la virgen te acompañe, Miñi" y se va a reír odiosamente. Y mami me va a decir: "Miñi, habla más duro". Pero yo, con mi dignidad acostumbrada, seguiré caminando hasta la puerta, la abriré, me detendré unos segundos como pensativa, y un instante antes de salir me voltearé y diré en mi tono más regio: "Lo siento, mami, pero las señoritas no gritan".

Ilia, tus lágrimas

¿Quién tuvo la culpa?

Las insolentes revistas faranduleras tuvieron la culpa, sobre todo la maldita *Vea*, porque *TeVe Guía* se enteró cuando el supuesto Nelson del Castillo publicó el primer reportaje y perversamente ultrajó la intimidad de la pareja más querida de nuestro país. Sabían que divulgar el escondite de Ilia y Leonardo equivalía a cometer asesinato periodístico, pero no tuvieron misericordia: aunque estaban enterados del prolongado tormento que transformó sus vidas en un infierno, a pesar de conocer los múltiples sufrimientos de los amantes más famosos de Puerto Rico (después de todo, estas revistillas han dejado una larga crónica siniestra en sus páginas ávidas de chisme y dolor); aun sabiendo todos estos detalles que hubieran conmovido a cualquier ser humano normal, lo destacaron en portadas a todo color y cruelmente exhibieron fotos de Ilia antes y después del cambio. Por eso recurrieron al pusilánime seudónimo "Nelson del Castillo"; como si un nombre falso los librara de culpa.

Esa misma semana *Estrellitas*, *Artistas* y los demás anélidos de la farándula se lanzaron con furia sobre Ilia y Leonardo. Se desató entonces la más salvaje rapiña periodística presenciada jamás en el mundo. Ahora, a causa de esta inhumana falta de sensibilidad hacia el dolor ajeno y la intimidad del ser humano, nuestra querida primera actriz, Ilia Pellar, y su esposo, Leonardo, han desaparecido... tal vez para siempre. El diccionario carece de palabras para describir con exactitud este atropello bárbaro, esta salvajada pública disfrazada de periodismo.

¿Cómo se conocieron? ¿Dónde comenzó realmente la historia de amor más hermosa del siglo XX?

Cada una de estas revistas infames, guiadas sin duda por el sadismo mercantil que las distingue, tiene su propia versión enfermiza. Han dicho que Leonardo es de familia multimillonaria, que nació en otro país, que padece de claustrofobia, que era un gigoló, y que después del cambio se entregó a Cristo y se quedó con Ilia por pena; de ella han dicho que también proviene de padres multimillonarios, que antes de ser actriz fue revolucionaria, que la desheredaron cuando se dedicó al teatro, que nació en otro país, que odia la profesión de Leonardo y que sufre ataques epilépticos. Ninguna de estas alegaciones es cierta. La verdadera historia de Ilia y Leonardo es muy sencilla. Se conocieron en la Universidad. Ella estudiaba drama; él cursaba el último año de derecho, pero siempre le gustó el teatro. Por eso fue al Centro de Estudiantes a ver la obra que montaban los estudiantes de drama: era su diversión favorita. Antes de que comenzara la función se fue tras bastidores a saludar a algunos de los actores: con uno de ellos, Miguel, tomaba el curso de Evidencia; a otros los conocía de vista. Hablaban sobre el teatro del Siglo de Oro cuando de pronto llegó Ilia. Todos callaron. Ilia siempre fue despampanante: ¿cómo olvidar el verde dulce de sus ojos, su piel como la miel caliente, aquella inmortal sonrisa que poco después, ya famosa, enloquecería a sus fanáticos? Ella nunca conoció el poder de su sensualidad: al notar su forma de caminar, las distintas maneras en que movía el cuerpo, Leonardo no pudo creer que hubiera una mujer tan hermosa en el mundo. Tan pronto Ilia desapareció, Leonardo, insistentemente, le preguntó a Miguel quién era, de dónde venía, si tenía novio.

—No sé nada —respondió Miguel—. Es nueva y un poco extraña. Va y viene pero nadie la conoce. Esta es su primera obra.

Leonardo nunca ha sido tímido. Fue directo al camerino y la encontró sola, mirándose en el espejo a pesar de la poca luz. Se detuvo en la puerta a contemplarla: se había soltado el pelo y llevaba a cabo un rito: se frotaba los ojos, las sienes, las mejillas, el cuello. Estaba a punto de tocarse los senos cuando notó a Leonardo. De golpe ocurrieron dos cosas: se encendieron las luces del camerino y ella, sonriente, se enderezó en la silla.

—¿Quién prendió la luz? —preguntó él instintivamente.

—¿La luz? —titubeó Ilia—. No sé. No funciona bien.

Se miraron en silencio. La luz brillaba con fuerza. Los ojos de Ilia resplandecían.

—Me asustaste —añadió ella—. Eso no se hace.

—¿Cómo te llamas? —preguntó Leonardo. Había decidido que no podía ser tímido, que la hermosura de Ilia estaba acostumbrada a la reverencia. Él la trataría como a una mujer normal.

—Ilia —respondió con una sonrisa—. ¿Y tú?

No esperaba esa pregunta. Se había preparado para la indiferencia, la arrogancia, incluso para el rechazo. Pero tanta amabilidad le hizo perder el balance. Se sonrojó:

—¿Quieres ir al cine esta noche? —preguntó.

Por un segundo, sólo por un breve segundo, Ilia dejó de sonreír. Pero se repuso al instante y con una sonrisa más deslumbrante que las anteriores —la sonrisa de Ilia siempre fue deslumbrante— dijo:

—¿A cuál película?

—No importa. La que tú quieras.

Esta vez Ilia no dejó de sonreír. Se miró al espejo, levantó el cabello con ambas manos y lo dejó caer sobre sus hombros tibios.

—Vale —contestó—. ¿Pero cómo te llamas?

En ese instante entró la maquillista. Fue muy ruda. Le ordenó a Leonardo que saliera de inmediato. Él intentó decir algo pero ella comenzó a empujarlo y amenazó con llamar a la guardia universitaria. Él le dijo a Ilia que volvería durante el intermedio. La maquillista le cerró la puerta en la cara.

La obra era una tragedia. Ninguno de ellos recuerda el título —eso fue hace muchos años— pero Leonardo nunca olvidó que era una tragedia porque Ilia no sonrió una sola vez. Su personaje —la protagonista– vivía atormentada y lloraba con frecuencia alarmante. Sufría mucho; tanto, que en ocasiones estuvo al borde de la locura. A Leonardo –y a todo el público– le llamó la atención la facilidad con que Ilia derramaba lágrimas. Al final del primer acto fue tras bastidores. Esperaba hallarla afligida, pero se llevó otra sorpresa: Ilia, sensual y sonriente, lo aguardaba a la entrada del camerino. Por un momento pensó que no era la misma persona que había visto llorar hacía pocos segundos.

–Te esperaba –dijo Ilia muy alegre, sin la huella de una lágrima–. ¿Nos tomamos una coca-cola?

–¿Eres tú? –preguntó confundido.

–¿Tan rápido te olvidas de las mujeres? –bromeó Ilia.

–Acabo de verte llorando –dijo asombrado–. Estabas en crisis.

–Eso es teatro –contestó ella–. En la vida real tengo sed. ¿Vamos?

Bajaron a la cafetería. Leonardo no podía entender la facilidad con que ella había hecho la transición entre el escenario y una coca-cola. Examinó su rostro con cuidado.

–Llorabas –dijo de pronto–, sufrías. Se veía tan real. Ahora pareces otra.

–Las lágrimas me llegan con facilidad –contestó Ilia–. Es un talento especial. Como cantar.

El segundo acto fue más patético que el primero. Ilia pasó todo el tiempo llorando. Su padre murió de cáncer en sus brazos, la familia se arruinó, su madre perdió la razón. Toda la responsabilidad y el dolor recayeron sobre el pobre personaje de Ilia. La obra era un melodrama sin otro fin que hacer llorar al público.

Durante el segundo entreacto sólo pudieron cruzar breves palabras porque Ilia debía cambiar de vestido y maquillaje. Leonardo volvió a sorprenderse ante la paz, la alegría casi irreverente con que Ilia bromeaba. Acordaron comer juntos después de la obra.

Al ver el tercer acto, Leonardo pensó que los dos anteriores parecían comedias. Nunca en su vida –ni en el teatro, ni en el cine, ni en la realidad– nunca había visto a una mujer sufrir tanto. La obra era una alucinación masoquista. La madre, loca, intentó matar a Ilia; lucharon por el puñal pero Ilia, accidentalmente, se lo enterró en el pecho. Al verla moribunda en el suelo, Ilia intentó quitarse la vida. Pero la madre recuperó la razón segundos antes de morir y la obligó a jurar que seguiría con vida para "mantener vivo mi recuerdo y ponerme velas en la iglesia". Luego, el único hombre que el personaje de Ilia había amado en su vida, el padre de su único hijo retardado y paralítico, la humilló públicamente: se paseó frente a ella con una mujer joven y le dijo que la dejaba para siempre porque "ya no quiero andar con viejas". Terminó la obra con la horripilante muerte de su hijo –lo único que le quedaba– y el sangriento suicidio del personaje de Ilia luego de un desgarrador y largo llantén.

El público aplaudió con delirio. En todo el Centro no había un ojo sin lágrimas. A Leonardo lo sorprendieron algunos comentarios que escuchó al azar: "qué hermoso llora", "nació para sufrir", "nadie sufre como ella", "es la Cervantes de las lágrimas"... Ese día comenzó la leyenda de Ilia.

¿Cómo fue el noviazgo? ¿Se casaron enseguida?

Se casaron al año, tan pronto Leonardo terminó de estudiar leyes. Fueron meses hermosos. Ilia es la mujer más exquisita del mundo, y junto a Leonardo su felicidad era absoluta. No fue por casualidad que todos los años las revistas de farándula los escogieran como "La pareja más estable" del país. Se lo merecían. Vivían cada instante a plenitud.

¿Cómo llegó a tener tanta fama? ¿Cuál fue la clave de su éxito?

Ninguna clave. Varios productores se le acercaron al enterarse del éxito de su debut estudiantil porque toda la universidad había comentado el lago de lágrimas provocado por su magnífica actuación. A los pocos meses estaba protagonizando la novela del Canal 2 y también hacía teatro. Todo el país se enamoró de Ilia. Lo que ocurre es que nosotros somos gente sentimental. Ilia le llegaba al público, lo conmovía. Al principio de su carrera se especializó: era la figura trágica por excelencia. Los fanáticos iban al teatro o prendían el televisor para ver a Ilia llorando, para compartir sus lágrimas y dolor, porque nadie podía contener las lágrimas al ver a Ilia llorando. Con el tiempo, al hacerse más famosa, comenzó a exigirle a los productores. Se negó a continuar haciendo melodramas vulgares y se dedicó a tragedias de altura. La obra que definitivamente consagró a Ilia fue *Medea*. Nadie podía creer que la adaptación de una obra griega rompiera todos los récords de taquilla. Pero así fue. Luego las adaptaciones de *Electra*, *Las troyanas*, *Romeo y Julieta*, y *Hedda Gabbler*. Y René Marqués. Muchas personas aún recuerdan los motines frente al teatro cuando Ilia hizo *Mariana o el Alba*. Nadie quería esperar, todos pretendían entrar al teatro a la fuerza para ver a Ilia llorando.

¿Los afectó la fama? ¿Cambió sus vidas?

De ninguna forma: eran muy felices. Leonardo siempre apoyó a Ilia en su carrera; ella lo apoyaba a él en su práctica, la cual fue exitosa. Cuando entraban a la casa no eran el abogado de fama ni la actriz superestrella. Allí volvían a ser los novios de la universidad. A menudo ella se disfrazaba con pelucas y se iban al cine, a comer helados o a caminar por el Viejo San Juan. Hacían un esfuerzo continuo por vivir una vida normal y disfrutar de los placeres que pueden deleitar a una pareja enamorada. Ella se mantenía al margen del aspecto social de su carrera; le daban asco las fiestas de la farándula. Sólo una cosa faltaba para que su felicidad fuera perfecta: pero Ilia no quedaba encinta.

¿Cómo lo lograron al fin?

Una noche estaban en la cama; él revisaba varios documentos legales mientras ella memorizaba parlamentos. Siempre trabajaban juntos cuando les era posible; mezclaban el placer con el trabajo. Un rato hacían el amor, el otro leían, cocinaban o nadaban en la piscina. Luego ella leía en voz alta los documentos legales y él tomaba notas; o Leonardo recitaba los parlamentos y la obligaba a repetirlos hasta aprenderlos de memoria. Pero esa noche, a pesar de que ella aparentaba leer el libreto, él sabía que algo le ocurría. Toda la noche había estado distraída. Pero a él no le gustaba presionar; cuando la notaba así, esperaba a que ella misma decidiera expresarse. No tuvo que esperar mucho: de pronto ella le tomó la mano y preguntó:

—¿Leonardo, para qué se vive?

Esta pregunta no era inusual. Tenían la costumbre de filosofar con frecuencia, de cuestionar la vida.

—Para ser feliz —contestó él.

—¿Lo eres?

—Sabes que sí —respondió Leonardo—. Te tengo a ti.

—Y yo a ti. Pero la felicidad es más compleja —añadió Ilia—. Sé realista. Yo no soy lo único que te hace feliz.

—Eres parte importante —dijo él—. La más importante. Tú, mi trabajo.

—¿Y eso es lo único que quieres? —interrumpió Ilia.

—Sabes que nos falta una cosa.

Ella se sentó en la cama. Lo besó en la boca.

—Debemos tener un hijo.

—Hemos tratado, Ilia.

—Vamos a agotar todos los medios —añadió ella con entusiasmo—. No podemos rendirnos.

Esa noche decidieron que en adelante sus vidas sólo tendrían un propósito: procrear un hijo. Tomaron vacaciones: Ilia canceló sus compromisos por un año; él tomó una licencia del bufete. En Estados

Unidos y Europa visitaron a los más famosos expertos en fertilidad. Finalmente optaron por someter a Ilia a un tratamiento experimental (según las pruebas, él no era el problema). A los siete meses, quedó embarazada.

¿El parto fue normal?

Todo lo relacionado con Ilia y la bebé resultó normal. Los problemas fueron externos. Por un lado, el motín de las fanáticas: se enteraron de que Ilia estaba en el hospital San Jorge y hubo que llamar a la Fuerza de Choque de la policía para evitar que destrozaran la sala de partos. Pero lo peor fue el artículo que salió en una de esas aborrecibles revistas de farándula. Decía: "Ilia Pellar lloró al ver a su hija por primera vez", lo cual es un embuste de vileza imperdonable. Pero me imagino que eso era lo que todo el mundo quería saber, si la famosa actriz que lloraba tanto había llorado al parir. Pues no. En todo momento su querido Leonardo estuvo junto a ella; nunca le soltó la mano y ella no lloró. No es que haya sonreído todo el tiempo. Al final ella tuvo que concentrarse y pujar con fuerza. Sintió mucho dolor, pero no lloró. Todo lo contrario. Todos saben cuán deslumbrante y hermosa es la sonrisa de Ilia. Todos hablan de ella, de lo bello que sonríe. Pues Leonardo siempre dijo que jamás había visto a Ilia sonreír como lo hizo al contemplar a su hija por primera vez. Más aún, Leonardo tuvo la hombría para admitir que fue todo lo contrario: fue él quien lloró al contemplar la felicidad de Ilia.

¿Cuándo descubrieron la enfermedad?

Todavía estaban en el hospital. Era el síndrome de Jarcob-Levin, una enfermedad rarísima que, para colmo, sólo existe en Puerto Rico. La niña nació con las costillas muy pequeñas. El médico les dijo que duraría dos años a lo sumo porque la caja del pecho no le crecería, pero los pulmones lo seguirían haciendo a un ritmo normal. Llegaría el momento en que los pulmones se quedarían sin espacio para crecer y la niña se asfixiaría.

Esos fueron los dos años más hermosos de la vida de Ilia: nunca cupo tanto amor en una persona. Adoraba a Ilita, la trataba como si fuera el diamante más lindo del mundo. A los pocos días la niña ya sonreía: ¿cómo no iba a hacerlo, si era hija de Ilia! Nunca vio un rostro triste. Durante su corta vida sólo contempló los rostros sonrientes de Ilia y Leonardo. Ilia la protegía contra el mundo. No dejaba que la viera cualquier persona. Primero se aseguraba de que el visitante no sintiera pena ("Los niños perciben la pena", decía). Adiestró a los abuelos y a los tíos antes de presentarlos a la niña. Como una directora de cine, los hacía ensayar ante el espejo la forma en que debían sonreír y hablar, el tono de voz y los gestos. Les describía la condición física de la niña y antes de entrar les mostraba fotos, para que no se impresionaran al verla de pronto. Ilia expulsó a la tristeza de su casa; era el hogar de la felicidad eterna.

Por supuesto, ni remotamente consideró Ilia volver al teatro; Leonardo extendió su licencia. Los ahorros de ambos bastarían para vivir más de dos años. Durante su corta vida la niña jamás estuvo sola: comía con ellos, se bañaba con ellos, dormía con ellos. Cuando estaba sola con Leonardo, quizás llegó a echar algunas cosas de menos. Leonardo no posee la dulzura ni la personalidad de su mujer: es un poco más seco. Pero su vida con Ilia –quien prácticamente nunca dejó su lado, como no fuera para atender sus necesidades básicas– era vida de jueguitos, cosquillas, besos, risas, abracitos, pucheros, pechos –Ilia la amamantó toda la vida–, nanas, maraquitas y amor. Hay cosas que nadie puede explicar. Por ejemplo: ¿por qué amó tanto a esa niña? Hubo momentos en que Leonardo pensó que la niña robaba la vida de su Ilia. Porque él amó mucho a la niña, pero nunca la amó como a Ilia.

¿Diría ella lo mismo?

Esa pregunta es cruel. Pero no queda duda de que ella amó más a Ilita, muchísimo más de lo que amaba a Leonardo, lo cual es casi inconcebible porque ya sabe el mundo cuánto ama a su marido. Pero éste es otro ejemplo del verdadero Leonardo, porque no queda duda de que él lo sabía y aceptaba con resignación. Leonardo se sentía amado a través de la niña. Además, siempre se sintió culpable porque las pruebas de sangre indicaron que él era el portador pasivo del síndrome Jarcob-Levin. Ilia lo supo, pero nunca le recriminó. Adoraba a la niña, y al amarla amaba también la sangre contaminada de Leonardo. Sin duda, cada vez que besaba a la niña recordaba las últimas palabras del médico:

–Nunca podrán tener otro hijo. Nacería igual.

El amor de Ilia por la niña era otra manifestación de su amor por Leonardo.

¿Fue entonces que sobrevino el cambio de Ilia?

Todavía no. La niña cumplió los dos años, pero la celebración se vio opacada por sus crisis. Le faltaba el aire, el pechito subía y bajaba a un ritmo ocho veces el normal. Ellos sabían lo que ocurría: adentro sus pulmones se expandían. Ya no tenían espacio suficiente. El pechito de la niña parecía un volcán a punto de estallar.

Tres días después del cumpleaños estaban sentados en el sofá de la sala; Leonardo, al lado de la lámpara de mesa, releía la muerte de Rocamadour y se espantaba ante la torpeza de Oliveira; Ilia, a su lado, le daba la teta a la niña. Era una noche común, pero de pronto Ilia se puso tiesa y dejó de sonreír: su rostro, como piedra, miraba fijamente la cabeza sin vida de la niña.

Leonardo no sabía qué hacer; se arrodilló en el piso, frente a ella. Ilia se petrificaba cada vez más, sus facciones se endurecían, perdían sangre, tomaban un color grisáceo. Leonardo se horrorizó al comprender de golpe que perdía a Ilia, que se le moría con la niña.

—Ilia —suplicó en voz baja.

Ilia comenzó a temblar: él le agarró los hombros. Estaba fría y dura, como roca. Leonardo se puso de pie y gritó:

—¡Ilia!

De golpe, en el rostro perfecto de Ilia comenzaron a nacer grietas pedregosas: parecía una estatua apolillada. Comenzó a envejecer: los labios se le secaron. Temblaba con más fuerza y cada segundo se intensificaba el gris de su rostro. Leonardo la sacudió con firmeza:

—¡Ilia! —gritó—. ¡Tú puedes llorar! ¡Llora!

Ilia no reaccionaba, seguía endureciéndose; su rostro estaba a punto de desmoronarse, de estallar como una avalancha. Leonardo se agarró de Ilia, la apretó con los brazos para retenerle la vida adentro. La lámpara relampagueó, echó chispas, estalló y cayó al suelo hecha pedazos. Leonardo se levantó y encendió la luz del techo. Entonces vio el rostro de Ilia totalmente cubierto de arrugas, como una anciana de cien años: lentamente, frente a la mirada incrédula de Leonardo, su cabello perdió el color oscuro y adquirió una blancura pajosa. En menos de un minuto, con su seno izquierdo todavía fuera de la blusa, Ilia se convirtió en una anciana. Aterrado, Leonardo se percató de que Ilia seguía envejeciendo; se le moría. Le arrebató a la niña, corrió con el cuerpo hasta el cuarto y lo dejó sobre la cama. Regresó corriendo y con todo el impulso que traía la abofeteó brutalmente.

—¡Reacciona, carajo! —gritó.

No hubo reacción. Leonardo se dejó caer de rodillas frente a ella. Ya nada podía hacer. La abrazó tiernamente, acercó sus rostros y le dio un beso de despedida en la mejilla.

—Mi amor —susurró ahogado por el llanto—. No me dejes.

En ese instante el cuerpo de Ilia se relajó; cerró los ojos y cayó en los brazos de Leonardo.

¿Han podido explicar lo que pasó?

No, ningún médico ha podido. Naturalmente, a Leonardo casi le cuesta la libertad. Nadie podía creer que la anciana inconsciente que estaba acostada en el sofá fuera Ilia. La policía lo interrogó y los familiares lo acusaron de haberle hecho daño. ¡A Leonardo, acusarlo de hacerle daño a la mujer que amaba más que a sí mismo! Le preguntaban dónde estaba, y cuando él repetía que era ella, la anciana del sofá, lo creían loco. Ilia estuvo siete días en el hospital. Al octavo recobró el sentido: había regresado de la muerte.

Ella y Leonardo tardaron varias semanas en convencer a todos. Compararon sus radiografías dentales con las de la "otra" Ilia. Le hicieron pruebas de sangre. Al fin fueron sus padres los que la identificaron más allá de toda duda, al hacerle preguntas que únicamente ella podía contestar. Sólo entonces se fijaron en que, si bien era una anciana, seguía siendo hermosa y sonreía como la Ilia de siempre.

¿Por qué afectó tanto a Ilia la muerte de la niña?

Durante meses esta pregunta fue objeto de intensa especulación en la prensa. Aunque se expresaron un sinnúmero de necios –sobre todo en las páginas de esas patéticas revistas de pacotilla– también opinaron distinguidos sicólogos, siquiatras, filósofos y pensadores del país. La explicación más convincente fue la teoría de la contra natura. Dice que el dolor más grande que puede sentir un ser humano es la muerte de un hijo. Subconscientemente todos estamos preparados para la muerte de nuestros padres, pero la de un hijo viola las leyes de la naturaleza. Por eso creemos que vamos a perder la razón, que no podemos respirar, que no deseamos vivir. Porque no estamos preparados y nunca lo estaremos. Esa fue la explicación más sensata.

¿Cambió su vida?

Por supuesto que cambió. Para comenzar, Ilia ya no podía trabajar. ¿A quién le interesaba ver a una anciana llorando? Pero las miserables revistillas faranduleras hicieron fiesta. "¿Dejará Leonardo a Ilia ahora que está vieja?", "¿Leonardo se ha enamorado de otra mujer más joven?", "Leonardo sigue con Ilia por pena", "Ilia achacosa: Leonardo es su joven enfermero", "Leonardo: no busco por fuera lo que Ilia no puede darme"; barbaridades semejantes salían todas las semanas. Pero no guardaban relación alguna con la realidad. Leonardo se enamoró más de Ilia: perdidamente. No era pena sino amor verdadero. Hizo un esfuerzo sobrehumano por asegurar la felicidad de su mujer. Contrató guardaespaldas para protegerla de la prensa (era enfermiza la morbosidad con que los fotógrafos intentaban retratarla). Se mudó a una finca que poseían cerca de un pueblo pequeño, bastante retirado de la capital. Por lo demás, no fue muy difícil tratar con ella. A pesar de su apariencia física, seguía teniendo el vigor de una mujer joven y aceptó su nueva condición con resignación. Aunque al principio dudó de la sinceridad de Leonardo, quien decía amarla como siempre, finalmente se convenció de que no fingía. Eso bastaba para hacerla feliz. Se dedicó a la casa, a leer, a ayudar a su marido con los documentos legales. Eso sí: Ilia nunca lloraba. Desde el día de la muerte de Ilita nunca volvió a llorar.

Pasaron trece años. Ilia no envejecía (no podía envejecer más: era una centenaria perpetua); a Leonardo le salió una que otra cana. Con el tiempo cesó la persecución de la prensa y del público. Con timidez al principio, luego con mayor soltura, descubrieron que podían caminar por la ciudad sin que nadie los molestara. Esta nueva libertad contribuyó a aumentar la felicidad de ambos. Iban al cine, a comer helados, a caminar por los parques. Una pareja muy feliz, a pesar de lo extraño que lucía un hombre joven y guapísimo amorosamente tomado de la mano de una anciana. Esta tranquilidad que por fin vivían fue la que motivó a Leonardo a formular la sugerencia que destruiría sus vidas para siempre.

¿Fue él?

Sí, pero evidentemente no tenía la más remota idea de lo que podía pasar. Sabía que la felicidad de Ilia no estaría completa hasta que pudiera volver a las tablas. No era un secreto su inmenso amor por la actuación. Una tarde, cuando regresaba del trabajo, Leonardo se detuvo en el pueblo a comprar alimentos. Vio un letrero que anunciaba una función teatral, montada por una compañía de aficionados locales. Al llegar a su casa, le sugirió a Ilia que indagara en torno a la posibilidad de integrarse al grupo: le serviría como distracción.

En pocas semanas ya Ilia era parte de la compañía. No la reconocieron, pero la aceptaron con gusto porque precisamente les sobraban los actores jóvenes mientras les faltaba talento para los papeles de viejos. Durante un mes ensayaron la próxima obra. Le asignaron un papel secundario a Ilia, pero ella estaba satisfecha: no quería protagonizar, sino entretenerse. Fue un mes de mucha felicidad. Como en los viejos tiempos, se acostaban en la cama y ella leía los papeles a Leonardo mientras él la obligaba a memorizar sus parlamentos. Ilia se sentía rejuvenecida.

La noche del estreno llegaron temprano. Era la primera vez que Ilia entraba al teatro: para economizar dinero habían ensayado en la marquesina del director del grupo. Ilia insistió en que Leonardo debía quedarse tras bastidores hasta que comenzara la función. Cuando le dieron la señal para subir a escena, lo despidió con un largo beso. Él amaba tanto a su hermosa anciana.

Leonardo debió salir al pasillo, dar la vuelta y entrar por el frente para buscar asiento. Mientras lo hacía se alarmó al escuchar los gritos y las expresiones de asombro del público. Cuando entró al teatro todos estaban de pie y aplaudían febrilmente. Gritaban: "¡Brava!", "¡Ilia!", "¡Ilia Pellar!" Los actores habían interrumpido la obra y miraban hacia el extremo derecho del escenario. Allí, asustada, la Ilia joven y hermosa de hacía trece años buscaba a Leonardo con la mirada. El público comenzó a correr hacia el escenario. Querían tocarla, hablarle, confirmar con el tacto que ésta era la verdadera Ilia Pellar que por fin había regresado al mundo de los jóvenes. Leonardo percibió el peligro en el mismo instante en que la mirada aterrorizada de Ilia se cruzó con

Luis López Nieves ■

la suya. Volvió a salir al pasillo. Al verlo huir Ilia se sintió desamparada. Varias personas comenzaban a rodearla y una señora de sombrero rojo, la primera en llegar, le pellizcó la mejilla. Tratando de escapar, Ilia se encontró de frente con un espejo y comprendió de pronto la causa de la conmoción.

Leonardo nunca había corrido tan velozmente en su vida. Llegó tras bastidores e intentó entrar al escenario, pero el público bloqueaba la entrada. Buscó una escalera y la recostó contra los bastidores. Escuchaba del otro lado a Ilia suplicando que no la empujaran y al público que gritaba "¡Ilia Pellar!", "¡Es Ilia Pellar!" Cuando Leonardo subió al último peldaño de la escalera y pudo mirar hacia abajo, se sintió impotente. Parecía que todo el público ya estaba sobre el escenario, sobre Ilia, tocándola, halándole la ropa, intentando hablarle al oído. En los precisos momentos en que un hombre enorme, con gabán verde, le arrancaba la blusa de un tirón, los demás actores reaccionaron, se cogieron de manos e intentaron cercar a Ilia para protegerla. Leonardo cogió impulso, se tiró de la escalera y cayó justo encima del hombre con el gabán verde. Éste se golpeó contra el suelo y gritó salvajemente antes de perder el sentido. El grito súbito y la aparición dramática de Leonardo pasmaron al público. Los actores aprovecharon la confusión para rodear a Ilia; desnuda de la cintura hacia arriba, estaba tan absorta por el terror que no se preocupaba por cubrir sus senos. Antes de que Leonardo pudiera levantarse del suelo y abrazarla, varios fotógrafos lograron retratarla.

■ 97 ■

–¡Atrás! –gritó Leonardo tan pronto tuvo a Ilia entre sus brazos–. Déjenla salir.

Había pasado la histeria; el público, como si estuviera frente a un televisor, se limitaba a observar el espectáculo del rescate de la desnuda Ilia por su valiente esposo. De pronto los amantes más famosos de Puerto Rico estaban allí frente a ellos, en carne y hueso; tenían el privilegio de presenciar el renacimiento de una leyenda.

–¡Hipócrita! –gritó la señora del sombrero rojo, impidiéndoles el paso.

–Por favor, señora –pidió Leonardo–, déjenos pasar.

–¡Hipócrita! –volvió a gritar en voz más alta–. ¡Bandido! Ahora la buscas porque está joven y bonita. Pero tú la maltrataste. Le fuiste infiel. ¡Abusador! ¡Te quedaste con ella por pena!

–Señora –dijo Leonardo en voz baja–, usted no sabe lo que dice.

–¡Escuchen a este bandido! –gritó más alto la señora del sombrero rojo–. Dice que no sé lo que digo. ¡Yo lo leí!

El público le hizo eco a la señora del sombrero rojo. Exclamaban: "Es verdad", "Yo también lo leí", "Hipócrita", "La hiciste sufrir", "Vete con la otra".

En ese instante entraron al teatro más de diez policías. Subieron de inmediato al escenario y comenzaron a desalojarlo con la sutileza acostumbrada. Uno de ellos agarró por el brazo a la señora del sombrero rojo y comenzó a llevársela. Ella se volteó, escurrió la cabeza por debajo del brazo del policía y gritó:

–No seas zángana, Ilia Pellar. ¡Él está contigo por pena!

Ilia besó a Leonardo en los labios:

–Está loca, mi amor –dijo con dulzura–. Vámonos.

Leonardo contemplaba la recuperada belleza de Ilia. Sus ojos nuevamente jóvenes, su cabello oscuro, los labios carnosos, la sonrisa siempre deslumbrante.

–Vamos –dijo.

Caminaron hasta la salida del escenario que daba tras bastidores. Cuando bajaron el escalón ocurrieron simultáneamente dos cosas: primero, se encontraron de frente con una pared de fotógrafos enloquecidos; segundo, frente a la mirada entristecida de Leonardo, el cabello de Ilia volvió a emblanquecer, su cuerpo volvió a arrugarse, sus labios otra vez se secaron, disminuyó la fuerza de sus ojos; sus senos perdieron consistencia y se desplomaron como dos lágrimas cansadas.

¿Fueron ésas las fotos que publicó *Vea*?

Esas fueron. En la portada de la revista: "¡Ilia Pellar antes y después del cambio!". En el lado izquierdo Ilia joven, radiante, con los senos firmes. En el derecho Ilia anciana, triste, con los senos arrugados. En toda la historia de esas morbosas revistoides es el ejemplar que más se ha vendido: rompió todos los récords, debieron contratar los servicios de cinco imprentas adicionales en Miami y Santo Domingo y alquilar una flota de aviones para satisfacer la demanda. No hay palabra que describa la maldad de estos traficantes de la miseria humana. ¡Maricones!

¿Ya se sabe qué fue lo que pasó en el teatro?

Sí, se sabe. Porque al principio, naturalmente, la vida de Ilia y Leonardo se trastornó. Volvieron a contratar guardaespaldas y a encerrarse en la casa. El acoso duró meses. A las revistillas de farándula y a los periódicos se sumaron los reporteros de televisión y radio; vivían en cámpers que estacionaron frente a la casa. Ilia y Leonardo sufrieron mucho en esa época porque ni siquiera podían asomarse a las ventanas. Leonardo iba a su trabajo en una limosina con guardaespaldas. Suerte que —contrario a lo que dijo la chismosa del sombrero rojo— él tenía una práctica legal sumamente lucrativa. Con sus ingresos, más los cuantiosos ahorros que Ilia había acumulado durante su carrera, podían afrontar los enormes gastos que les causaba la persecución de las bestias de los medios de comunicación. Pero una noche, mientras cenaban, Ilia hizo unos comentarios que volverían a cambiar sus vidas.

—Leonardo —dijo—. No nos van a dejar quietos. *El Mundo* dijo ayer que soy una santa, que lo del teatro fue un milagro.

—¡Qué bárbaros!

—No podemos pasar el resto de nuestras vidas aquí encerrados —añadió Ilia—. No es justo que por mi culpa tú tengas que vivir como un recluso.

—Ilia, no digas tonterías. Mientras esté contigo soy feliz.

—Te propongo que hagamos una vida normal. Voy a salir, les dejo tomar fotos hasta que se harten. Contesto todas sus preguntas. Entonces se cansarán y nos dejarán quietos.

Al día siguiente implantaron el plan de Ilia. Ella invitó a los periodistas a su casa y les comunicó su nueva actitud. Durante las próximas tres semanas dedicó dieciséis horas diarias a conceder entrevistas y sesiones fotográficas. Paulatinamente se redujeron sus compromisos y en pocos meses ya vivía la vida normal de una actriz famosa. Es decir, siempre debía lidiar con los fanáticos en la calle y con las entrevistas esporádicas, pero logró su propósito de acabar con la persecución enloquecida que le había hecho la vida imposible.

Ya comenzaba a adaptarse a la nueva rutina cuando la visitó una delegación de la compañía de actores aficionados. Ella siempre recordaba la valentía de aquella inolvidable noche en que la protegieron con sus propios cuerpos. Y estaba agradecida porque no se lo reprocharon ni se le acercaron durante la crisis subsiguiente. Se sentía culpable porque había echado a perder un mes de ensayos, y esta gente le caía bien. Tan pronto se sentaron en la sala y comenzaron a sorber el café que Ilia les ofreció cariñosamente, fueron directo al grano. Sabían que ella ya no se dedicaba al teatro profesional. Le ofrecían, por tanto, la oportunidad de volver a pertenecer al grupo para que se entretuviera y mantuviera en forma, aunque en esta ocasión, sabiendo quién era, le ofrecían un papel protagónico. Ilia respondió de inmediato que sí, pero con la condición de que sólo asumiría papeles secundarios. Los miembros del grupo se fueron felices.

En la primera reunión acordaron reponer la obra que había provocado el escándalo. Ilia se franqueó con la prensa y la mantuvo informada de todos los pormenores. Era la única forma de evitar una nueva persecución. La noche del reestreno volvió a pedirle a Leonardo que la acompañara hasta el momento de subir a escena. Al recibir la señal, se despidió con un cariñoso beso. Pero cuando Leonardo salió al pasillo, volvió a escuchar el alboroto de la vez anterior. Al llegar a la entrada vio nuevamente a Ilia joven y hermosa, perpleja en la esquina derecha del escenario. Tan pronto percibió la reacción del público ella corrió al espejo y se miró. Los actores suspendieron su trabajo y aplaudieron admirados. El público se puso de pie y también aplaudió, esta vez con respeto. Ilia le sonrió a Leonardo. Recobró la compostura y, acordándose de los viejos tiempos, aceptó el homenaje de sus fanáticos. Esperó a que agotaran su asombro y luego pidió silencio.

—Gracias, gracias, querido público —dijo, y se volteó hacia los actores—, y gracias, queridos compañeros.

Los actores se inflaron de orgullo.

—Sé que ustedes me quieren —continuó—, y yo los quiero a ustedes. Por eso quisiera pedirles un favor.

Volvieron a aplaudir con fuerza.

—Hace más de trece años que mi querido esposo tiene que vivir con una anciana. En este momento soy joven otra vez, pero no sé cuánto me durará. ¿Le permitirían ustedes a Leonardo que suba y comparta mi breve juventud?

En medio de la estruendosa ovación, Leonardo subió al escenario. Se abrazaron, se besaron; él le tocaba la cara, el pelo, los labios, y no salía de su asombro.

¿Esa fue la noche de la conversación?

Esa fue: una de las noches más hermosas de la leyenda de Ilia y Leonardo. Durante los primeros quince o veinte minutos sólo se besaban, se miraban, se abrazaban. Él le dijo al oído:

—Estás como hace trece años, no has envejecido un minuto.

Y ella, besándolo, le contestó riendo:

—Tú tienes canas pero no me importa.

No se atrevían a bajar del escenario. Se besaban frente a todos, sin rubor, con el apasionamiento que les producía el temor de un regreso súbito a la vejez. Él quería retener la juventud de Ilia entre sus brazos, no se atrevía a soltarla. El público, fascinado, los contemplaba a sus anchas. De pronto se levantó una muchacha rubia y preguntó con mucho cariño:

—Ilia, ¿cómo te sientes?

Ilia contestó con franqueza; sin percatarse de que hacía uso de su enorme talento histriónico, explicó el amor que sentía por Leonardo. El público, conmovido, aplaudió con fuerzas. Luego le hicieron otra pregunta. Y entonces todos, incluso los actores, se olvidaron de la obra y pasaron el resto de la noche conversando como si estuvieran en la sala de una casa. Los canales instalaron cámaras y difundieron el suceso en vivo a todos los hogares de la Isla. Fue el programa de mayor audiencia en la historia de la televisión del país.

Al terminar la noche y salir del escenario abrazada de Leonardo, Ilia volvió a envejecer. La siguiente noche se comprobó que sólo rejuvenecía cuando estaba en el escenario. Por eso fue que durante los dos años que se estuvo presentando la obra el grupo de actores aficionados, al igual que el dueño del teatro, se hicieron ricos; a pesar de que quintuplicaron los precios, nunca hubo una butaca vacía.

Al principio Ilia y Leonardo se conformaron con esas pocas horas de juventud nocturna. Él se sentaba en primera fila todas las noches y disfrutaba al ver a su Ilia de antes, rebosante de belleza y energía. Pero empezaron a desear más. El primer paso lo dio Leonardo. Al final de una función, cuando estaban a punto de regresar a la casa, tomó a Ilia de la mano y le dijo que tenía una idea. La llevó hasta el dueño del local y le pidió que les permitiera cerrar el teatro porque Ilia tenía que recoger algunas pertenencias en el camerino. El dueño, un hombre de inteligencia extrema, comprendió de inmediato y les entregó las llaves con una sonrisa amable.

Cuando salió la última persona, Leonardo cerró por dentro. Luego, abrazados, caminaron hacia el frente del teatro: con la fascinación de todas las noches él observó la transformación de Ilia tan pronto pisó el escenario. No fue necesario hablar: Ilia se desvistió y le regaló el espectáculo de su cuerpo desnudo. Él recorrió cada centímetro con la mirada y recordó caricias antiguas, noches casi olvidadas. Finalmente él también se desvistió y cayeron sobre la alfombra: hicieron el amor con la furia y la paciencia de trece años de recuerdos y espera amorosa.

Los primeros siete meses se quedaban todas las noches hasta las cinco o seis de la mañana. Luego Leonardo se franqueó con el dueño, compraron una cama portátil y desde entonces dormían la noche entera en el escenario. El dueño nunca traicionó la confianza que depositaron en él: nadie se enteró de este secreto. ¡Ése sí era un fanático digno de Ilia Pellar!

Pero esta juventud nocturna dejó de ser suficiente; era obvio que necesitaban más. Cada mañana dolía más despertar, salir furtivamente del teatro y ver el cabello blanco y la piel estrujada de Ilia.

¿Entonces se le ocurrió a Leonardo lo del teatro?

Sí, porque se acercaba el cumpleaños de Ilia y pensó que era el regalo ideal, aunque no se lo adelantó. Únicamente le dijo que estaba preparando una importante sorpresa y le rogó que confiara en él porque iba a pedirle un favor extraño: que renunciara a la compañía de teatro. Ilia así lo hizo, porque confiaba ciegamente en Leonardo. El día del cumpleaños, tan pronto despertaron, Leonardo le dijo que hiciera las maletas para un viaje largo y que se preparara para la sorpresa que le tenía reservada.

¿El teatro?

Sí, había comprado un viejo teatro en un pueblito del suroeste. Ilia no tenía la menor sospecha. Su sorpresa fue genuina cuando, después de un largo viaje, Leonardo estacionó el carro a las tres de la mañana frente al teatro abandonado.

—Bienvenida a tu nuevo hogar —le dijo a Ilia.

¿Qué hizo ella?

Mientras él subía el equipaje su mujer anciana se acercó al escenario oscuro. Él imaginaba lo que debía estar pasando por la mente de Ilia. Esperó un rato, dejando que ella se acostumbrara al local.

Cuando terminó de subir las maletas le dijo:

—Conecta la electricidad. La palanca que está a la derecha.

Al levantar la palanca el escenario se inundó de luz. Ilia miraba todo sin pestañear.

—¿Te gusta? —se le acercó Leonardo.

—¿Qué hiciste?

—Será nuestro hogar —dijo él besándola—. ¿Te gusta?

—¿Tiene todo? —preguntó Ilia—. ¿Funciona?

—Sí —contestó él—. La plomería es genuina, las bombillas son de verdad, el teléfono trabaja. Es una casa auténtica: la cama tiene sábanas. Sube.

Ilia miró fijamente a Leonardo. Ambos sabían que había llegado el momento de la verdad. ¿Se transformaría ella sobre este escenario, o estaba su juventud únicamente en el que habían dejado atrás? Ilia hubiera llorado a no ser que desde el día de la muerte de Ilita se le habían secado las lágrimas. Abrazó a Leonardo.

—No me atrevo —dijo—. ¿Y si no me transformo?

—Todos los escenarios son iguales —la motivó Leonardo—. ¡Sube!

Ilia apretó a Leonardo con más fuerzas. Quería llorar.

—Te frustrarás si no cambio —dijo triste—. Ya no me querrás.

Leonardo rió con fuerza y la levantó en sus brazos. Comenzó a subir las escaleras del escenario. Ilia escondió el rostro en el cuello de su marido y lo besó suavemente.

¿Se transformó?

No existe una palabra que describa la tristeza que pulverizó a Leonardo cuando vio el cabello blanco de Ilia, los brazos aún arrugados por la vejez. Por primera y única vez en su vida pensó en el suicidio. Ilia no se atrevía a mirarlo. Permanecieron inmóviles durante mucho tiempo en medio del escenario iluminado; aunque incapaz de llorar, a Ilia le ardieron los ojos cuando escuchó el llanto de Leonardo. Él lloró con la desesperación del que ha perdido los deseos de vivir; ni la muerte de Ilita ni la transformación inicial de Ilia lo habían hecho sufrir con el dolor que ahora sentía. Todos sus años de esperanzas y de amor desinteresado se le agolparon en el pecho de pronto, y por primera vez desde la muerte de su hija sintió que no podía más. Lloró como nunca lo había hecho en su vida, lloró por ambos, porque la anciana que cargaba en sus brazos ya nunca volvería a llorar.

Al amanecer Ilia le pidió que la soltara:

—Estás cansado, amor mío —dijo—. Bájame. Vamos a sentarnos.

Sólo entonces sintió Leonardo el cansancio de sus brazos. Le dio un último apretón a su mujer y la soltó. Ilia se transformó tan pronto pisó el escenario. Ambos comprendieron de inmediato el error que habían cometido. ¡No vive, ni ha vivido, ni vivirá jamás un poeta capaz de describir la alegría que sintieron! Se abrazaron enloquecidos, Ilia reía con su risa deslumbrante. Leonardo volvió a llorar aunque esta vez de felicidad.

¿Cómo los encontraron?

Eso fue más adelante. Pero ese día, después de hacer el amor, Leonardo fue hasta la puerta y pasó los cerrojos. Ésa sería la nueva casa de ambos, hasta el fin de sus días.

Pasaron nueve años felices. Cada día estaban más enamorados. A Leonardo le bastaban el amor y la juventud eterna de Ilia (ella no envejecía); a su mujer le bastaba el amor de Leonardo. A los dos o tres años se percataron de que Leonardo envejecía: su cabello cada día tenía más canas, le nacieron bolsas debajo de los ojos.

Una noche, después de cenar, Leonardo le preguntó a Ilia:

—Mi amor, ¿qué harás cuando yo esté viejo?

—Bajaré del escenario —respondió ella sin titubear—. Y ambos lo seremos.

Pero un día, mientras hacían el amor, alguien golpeó insistentemente sobre la puerta grande del teatro. Ilia y Leonardo decidieron que lo mejor sería abrir. ¡Era la gente de *Vea*! ¿Cómo lo supieron, hijos de puta!!! ¿Cómo dieron con el paradero de la pareja más enamorada del mundo, con el fin de echarlo todo a perder? Nadie lo sabe. En pocos días el teatro se convirtió en un centro de peregrinaje. A todas horas del día y la noche la gente tocaba a la puerta, se asomaba por las ventanas, gritaba desde la calle: "¡Ilia Pellar, te queremos!" En la acera vivían periodistas de farándula, diarios, televisión y radio, junto a corresponsales de la televisión norteamericana, de *Agence France Press*, de *EFE*, de *60 Minutes* y de la revista *Time*. Gracias a los guardaespaldas que contrató Leonardo, y a la generosa protección policíaca del municipio, estas lapas del dolor no se les metían en la cama.

Era evidente que ya no podían seguir allí. Ilia y Leonardo comprendieron que sólo quedaba una cosa por hacer y comenzaron a trazar un plan. Harto ya de tanta persecución, y lleno de ira al ver el rostro atormentado de Ilia, Leonardo decidió que había llegado el momento de terminar de una vez con el suplicio. Tres semanas después, de madrugada, llegó de pronto un ejército de más de doscientos guardaespaldas con macanas y rifles: llegaron en motoras, carros, camiones; simultáneamente arribó un helicóptero y se detuvo en el aire, encima del teatro. Había tres guardaespaldas por cada reportero. Cayeron sobre ellos con la furia de un relámpago: a golpes, empujones y patadas arrinconaron a los soñolientos y confundidos periodistas dentro de un garaje. Muchos no tuvieron tiempo de ponerse la ropa. Los de *Vea*, como de costumbre, fueron los que más alborotaron: pedían protección policíaca a gritos, le advertían a los guardaespaldas que estaban violando sus derechos, exigían respeto por la prensa libre. El jefe de los guardaespaldas, un gigante con chaleco a prueba de balas, levantó por el cuello a una reportera de *Vea* que repetía monótonamente "Están violando mis derechos", la golpeó cuatro veces contra la pared, la tiró contra el piso, la levantó por el pelo, le colocó la punta de la escopeta entre los muslos y le dijo:

—Si no te callas voy a violarte de verdad.

Ningún otro periodista se atrevió a quejarse. Observaron en silencio cuando Ilia y Leonardo, rodeados de docenas de guardaespaldas, salían corriendo del teatro. El helicóptero estaba aterrizando en la calle. Los amantes más famosos del mundo se montaron en la nave y partieron. Fue cuestión de segundos, aunque los guardaespaldas retuvieron a la prensa durante dos horas para darles tiempo a Ilia y Leonardo de llegar al aeropuerto y partir en el jet fletado que los esperaba.

¿Y por qué conoce usted la historia con tanto detalle?

Además de ser el más grande y leal fanático de Ilia Pellar, fui el único amigo y confidente de la pareja desde la noche en que Leonardo me pidió la llave de mi teatro. También fui quien les vendió el teatro que convirtieron en hogar y era yo quien los suplía de alimentos y demás necesidades que no podían salir a comprar sin que los reconocieran. Recompensaban mi lealtad con invitaciones frecuentes a cenar —Ilia es una cocinera consumada— y compartiendo conmigo sus penas y sus sueños. Por último, fui yo quien, luego de escuchar el plan de Leonardo, lo puse en efecto contratando al pequeño ejército que los rescató de las garras de las víboras periodísticas, como usted, que jamás supieron respetar la intimidad de una gran artista.

Bueno, ¿entonces usted sabrá dónde están?

Aunque lo supiera, es evidente que no lo divulgaré jamás. Pero no es difícil imaginarlos en cualquier país del mundo. Ahora, después de innumerables infortunios y largos años de penas, estarán por fin en algún teatro abandonado, disfrutando Leonardo de su joven y hermosa esposa, gozando ella del más grande amor que jamás ha recibido mujer en el planeta, riendo Ilia su risa deslumbrante, feliz él porque le ha sido devuelto el pasado, y cuando transcurran muchos años y a Leonardo le llegue la vejez, saldrán por fin del teatro, podrán pasearse por los parques y tomar el sol, y quizás entonces, pero sólo entonces, puedan volver a este país que tan duramente los ha castigado.

EL TELEFÓNICO

¿Y por qué carajo estudió filosofía? Él mismo se hacía la pregunta durante todo el día, cada vez que llenaba una solicitud, esperaba por el próximo entrevistador, caminaba de compañía en compañía o cuando leía la sección de empleos de los periódicos. ¿Y a qué persona con preparación tan exótica se le ocurre solicitar trabajo en la empresa privada? Es que tenía hambre. No podía dedicarse a la enseñanza porque jamás se le había ocurrido tomar un curso de pedagogía y en todos los colegios le decían lo mismo: sin pedagogías no podía enseñar, pero que solicitara en la empresa privada donde de todos modos pagaban más. Por eso se olvidó de las escuelas y desde las nueve de la mañana hasta las cinco de la tarde se dedicó a caminar de compañía en compañía. Llegó a sentir repugnancia por los jefes de personal. Los más amables (los bancos, las compañías de seguros) se le reían en la cara; los cínicos (financieras, líneas aéreas, agencias de publicidad) leían el resumé, lo miraban de arriba abajo y preguntaban:

—¿Conque acaba de graduarse de la universidad?

—Sí —respondía con pesimismo.

–¿Y estudió filosofía?

–Sí, sí señor –añadía con un poco de fe.

–Pues lo lamento, ayer mismo llenamos la única plaza que tenemos para filósofos. Se la dimos a un tal señor Platón. ¿Lo conoce?

Él nunca tuvo un buen sentido del humor. De hecho, en la Universidad se le conocía como el misántropo más ácido y antipático de toda la Facultad de Filosofía, lo cual es mucho decir. Por eso se levantaba sin emitir palabra y salía tirando la puerta. Ésa era su venganza.

Pero, francamente, ¿por qué carajo estudió filosofía, cuando todo el mundo sabe que eso no deja ni para comer? Lo hizo porque era lo único que le agradaba. Desde niño, en la remota finca de sus padres, se había acostumbrado a pasar las horas sumido en la lectura de los grandes pensadores de la humanidad y no encontró motivo para cambiar esa querida costumbre. En el fondo, le había importado poco lo que estudiara. Pero ahora tenía hambre y necesitaba trabajar. En el fondo fondo, tampoco le importaba la clase de trabajo que tuviera que hacer. Por eso aceptó, luego de monótonas caminatas y hambres exasperantes, un puesto de oficinista en una compañía de seguros. Allí se intensificó el malhumor que tanto lo había destacado durante sus años universitarios.

¿Y por qué era tan antipático? Es que en el fondo fondo fondo no le importaba la gente y, lo que es peor, tampoco le hacía falta. Por eso no saludaba a sus compañeros de trabajo. No sentía necesidad interna, ni encontraba causa racional, que justificara semejante conducta. Entraba a la oficina contando losetas, emitía un gruñido confuso que los más optimistas interpretaban como un saludo, se sentaba en su escritorio y de inmediato se entregaba con furia al trabajo. A las seis semanas se había convertido en la pandereta de la oficina, en el receptor inevitable de toda broma o travesura. Le tiraban papeles, colillas, gomitas o grapas; le escondían la máquina de escribir; le robaban los lápices o le derramaban café sobre el escritorio. ¿Y por qué le hacían estas cosas tan pueriles y sádicas? En el fondo seguramente buscaban su atención, un ligero saludo, una sonrisa, un pequeñísimo reconocimiento: pero él ni se daba cuenta ni le importaban los problemas emocionales de sus colegas. Se dedicaba a trabajar afanosamente, a cumplir con sus tareas y a leer filosofía durante la hora del almuerzo. Nunca intentó confraternizar. Por eso fue que una tarde, mientras trabajaba como de costumbre, Maritza, la programadora de faldas cortas y muslos exagerados, se le sentó en el escritorio:

–Niño, mira –dijo mientras abría los muslos–. Para ti, muñeco.

A pesar de las burlas y carcajadas de sus compañeros de trabajo, y de la insistencia de Maritza quien repetía "Pero mira, nene, mira", siguió trabajando como si estuviera solo en el pico del Everest. Aún resonaban las carcajadas en la oficina cuando recibió una llamada del Director. Éste le pidió datos estadísticos y luego le preguntó si se sentía a gusto en el nuevo empleo. Contestó que sí, no podía quejarse, pero al colgar el aparato sintió una sensación extraña, una especie de plenitud existencial. Permaneció un largo rato con la mano sobre el auricular, y por primera vez en tal vez años sonrió imperceptiblemente.

Al calentarse la comida esa noche recordó con placer el brevísimo intercambio que había tenido con el Director. Recordó las pocas conversaciones telefónicas que había sostenido en su vida (se había criado en el campo, no tenía amigos) y volvió a sonreír. Después de un breve análisis sistemático, concluyó que el teléfono era un instrumento útil porque posibilitaba la conversación pero excluía el abominable contacto físico. Filósofo al fin, pasó el resto de la noche meditando sobre el teléfono y sus implicaciones ontológicas.

Al otro día acababa de recibir un papelazo en la frente cuando timbró el teléfono. El Director volvió a pedirle datos, pero al intentar despedirse él lo detuvo:

—¿Y usted, señor Director, lleva mucho tiempo trabajando aquí?

El Director respondió con gentileza a todas sus preguntas e incluso formuló algunas propias. Media hora después terminaba la conversación, pero él se quedó muy inquieto. Le fue difícil concentrarse el resto del día y al dar las cinco casi corrió hasta su apartamiento. Estaba emocionado porque había recordado que su antiguo profesor de filosofía, hombre brillantísimo a quien admiraba por sus libros, había escrito su número de teléfono en la pizarra el último día de clases "porque siempre podrán contar conmigo si me necesitan". No tenía libreta de teléfonos porque le parecía una práctica infantil, pero revisó sus cuadernos, notas y libros. Después de más de dos horas de búsqueda desesperada, lo encontró copiado al margen de la primera página de *La filosofía de la historia* de Hegel. Corrió hasta el teléfono público que recordaba haber visto en la esquina, pero tuvo que esperar por una muchacha de enormes rolos verdes que le contaba al novio cómo era ella en realidad y por qué nadie, pero nadie, la cogía de boba. Mientras esperaba repasó mentalmente el último libro de su admirado profesor, el cual había leído hacía tres semanas. Mentalmente improvisó el bosquejo de una breve reseña crítica y estaba a punto de iniciar un análisis comparativo cuando la muchacha de los rolos verdes gritó de pronto que lo sentía, que era tan fea como franca, y colgó. Cuando él levantó por fin el aparato, la mano le temblaba. A los pocos segundos reconoció la voz de su maestro:

—¿Quién es?

—No es importante, profesor —contestó—. Sólo quiero felicitarlo por su último libro. ¡Es genial! Tiene usted toda la razón cuando señala los males del materialismo. Sólo mentes superiores, como la suya, entienden la supremacía del espíritu. Porque en última instancia...

La conversación fue larga y exitosa. Discutieron a fondo un sinnúmero de problemas filosóficos, dedicaron casi una hora a la fenomenología hegeliana y al concepto esotérico del glomanco, criticaron duramente las deficiencias logísticas del Departamento de Filosofía y hasta llegaron a reír a carcajadas. Al despedirse volvió a sentir la satisfacción extraña que había sentido en la oficina. Al regresar al apartamiento se tiró sobre el sofá y concluyó que hablar por teléfono era como escribir porque no se contaba con los gestos ni con las manos: en la palabra estaba todo. Era como cenar sin lavar los platos, la comunicación en estado prístino. Podía prescindirse del cuerpo oloroso a tabaco, de la cara sin afeitar, de la coquetería irritante, de la cara maquillada. El teléfono le proveía los ecos de un mundo que le era necesario, pero excluía el contacto físico que tanto aborrecía. Antes de quedarse dormido, llegó a pensar que era feliz.

Por la mañana, tan pronto llegó a la oficina, llamó a la Compañía Telefónica y ordenó la instalación inmediata de un aparato. Pasó el día intranquilo y poseído de un entusiasmo que lo asustaba porque no recordaba haberlo sentido antes. A las cinco se atragantó un sándwich de atún y casi corrió hasta el teléfono público. La noche anterior, sumamente impresionado por su intelecto, el profesor le había rogado que se identificara. Al no recibir contestación, y filósofo al fin, entendió su silencio y le dijo que respetaba el sagrado derecho al anonimato y no volvería a invadir su privacidad.

No sintió nerviosismo al levantar el aparato y marcar el número de memoria. El profesor le reconoció la voz, se saludaron brevemente y de inmediato comenzaron a discutir los múltiples aciertos de Aristóteles. Fue otra noche exquisita, pero antes de despedirse le pidió tímidamente al profesor los números de algunos amigos que "sepan disfrutar de una conversación profunda". El catedrático le dio varios, seguro de que a todos les encantaría recibir su llamada.

¿Y la oficina? En la oficina la situación seguía igual. No pasaba un día sin que se divirtieran a cuenta suya. Por eso quiso eliminar todo contacto físico, aun el mínimo que exigía la coordinación interna del trabajo. Colocó un letrero al frente de su escritorio que decía: "Para cualquier asunto favor de hablarme por teléfono". Al principio se burlaron e insistían en hablarle personalmente, pero cuando pasó la novedad y se cansaron de repetir los mismos chistes vino el ajuste y todos se comunicaban con él por medio del aparato, aunque sólo fuera para pedirle una estadística.

Cuatro o cinco años después de la primera llamada a su exprofesor, poseía una lista de más de cien amigos telefónicos. Había fijado una rutina que lo hacía más o menos feliz. De nueve a cinco, el trabajo; de cinco a seis, la cena; el resto de la noche, el teléfono. Los sábados por la mañana iba de compras o a las librerías. El domingo entero, su día más feliz, lo pasaba hablando por teléfono. Gracias a la envidiable cantidad de amigos telefónicos, podía llamar durante cuatro semanas sin necesidad de recurrir a la misma persona (aunque sus llamadas siempre eran motivo de júbilo auténtico). Continuamente lo felicitaban por su "gran lucidez" y le rogaban que volviera a llamar pronto. Sabían que él nunca se identificaba, pero filósofos e intelectuales al fin, les era fácil perdonar lo que juzgaban una mera excentricidad inofensiva.

¿Y cuántos años vivió esa rutina? Fueron muchos los años de conversaciones en la casa y bromas en la oficina. Le pusieron tachuelas y chicles en el asiento, le clavaron las gavetas, le pintaron el escritorio de amarillo, le dejaron una rata muerta en una gaveta y un día hasta cometieron la estupidez de cortarle el cable del teléfono. Ésa fue la única vez que lo vieron reaccionar. Al llegar del almuerzo oyó las carcajadas y las ignoró como de costumbre, pero al notar el cable cortado comenzó a temblar. Al verle la cara seca y sin color todos callaron. Buscó con los ojos al Subdirector, corrió hasta su escritorio y lo levantó por las solapas:

—Si no arreglas el cable en una hora —dijo con firmeza—, te mato.

Asustado, el Subdirector llamó a mantenimiento y le arreglaron el cable en menos de quince minutos. Pero a los pocos días el incidente se olvidó y las bromas continuaron, algunas de ellas bastante pesadas, como la tarde en que Maritza le pidió un lápiz prestado. Él señaló el lapicero con el dedo y continuó trabajando sin decir una palabra. Entonces Maritza se inclinó, le puso los senos en la cara y le dijo al oído:

—Yo creo que eres loquita, nene.

¿Y qué respondió él? No le hizo caso, por supuesto. Casualmente llevaba tres semanas enfrascado en una agitada polémica sobre el estoicismo con sus telecompañeros, discutiendo a fondo el cristianismo, los ejemplos griegos y el célebre caso de Job; por tanto, las burlas de la oficina le parecieron poca cosa. Pero dos o tres semanas después de este incidente conversaba de noche con un viejo amigo sobre los *Prolegómenos* de Descartes cuando decidió de pronto que ya no podía tolerar el ruido de la calle. Al otro día compró tablones y planchas de madera, rollos de tela y doscientas libras de algodón, y dedicó la noche a clausurar minuciosamente todas las ventanas del apartamiento. Luego, mientras observaba las ventanas herméticamente selladas y a prueba de sonidos callejeros, decidió que ya no podía esperar más: había llegado el momento de dar el primer paso de su plan. Ahorraría todo su salario. A pesar de la buena cantidad de ahorros que ya tenía (sus gastos eran mínimos), necesitaba mucho más. Por tanto dejaría de comprar papel sanitario, jabón, champú, navajas, desodorante, pasta dental y otros artículos innecesarios. También comenzaría, esa misma semana, a almacenar en su apartamiento cajas de productos enlatados.

Ocho o nueve años después, como resultado de su dedicación continua al teléfono, era famoso en todo el país. Sin duda alguna era un privilegio recibir una llamada suya, y así lo expresaban los telecompañeros. Bastaba que un intelectual entrara al Centro de la Facultad y dijera "Anoche me llamó", para que todos lo miraran con envidia. De hecho, algunos telecompañeros lo instaban a que renunciara al anonimato y se diera a conocer. Él los desalentaba o cambiaba el tema, pero si alguien insistía demasiado lo castigaba atrozmente: dejaba de llamarlo por cinco o seis meses. Podía permitirse semejante lujo porque su lista telecompañeril, para esta época, superaba los quinientos números.

Pero según crecía su fama y la inevitable curiosidad del público, sus telecompañeros, respetando su renuencia a darse a conocer, le pidieron que por

lo menos llamara a los periódicos y emitiera públicamente sus opiniones preclaras. También le rogaron
que llamara a las revistas especializadas de filosofía,
crítica literaria, sociología, arte, educación, ciencias
sociales, etcétera. Se resistía. Pero un día su antiguo
profesor y primer telecompañero, a quien concedía
una confianza privilegiada y un lugar claramente pre-
ferente, lo convenció. Empezó a hablarle de Sócrates,
de la ética y de la responsabilidad social, y le dijo que
era su deber compartir con la sociedad el fruto de ce-
rebro tan exclusivo. No pudo, ni quiso, argumentar
en contra de su querido profesor. Esa misma noche
llamó a la mesa de redacción del periódico *El Nuevo
Día* y opinó en torno al alarmante aumento de la
criminalidad.

El periodista quedó tan fuertemente impresionado que sólo pensó en pedirle el nombre.

–Nunca doy mi nombre –respondió él.

–¡Ah! –exclamó el periodista de inmediato–.
¡Usted debe ser El Telefónico!

Quedó atónito, pero pasado el golpe inicial
entendió que era un sobrenombre muy natural, realmente el único posible dadas las circunstancias, y
agradeció la discreción de sus amigos que piadosa-
mente se lo habían ocultado. Sin decir otra palabra,
colgó el teléfono.

En pocos meses ya tenía columnas perma-
nentes en todos los periódicos del país. Regularmente llamaba por teléfono y dictaba sus últimas medi-
taciones en torno a temas perennes o del momento
(aunque no leía los periódicos, los telecompañeros lo

mantenían al tanto de los sucesos nacionales y mundiales). Nada tuvo que ver con los nombres de algunas de éstas: "Cogiendo Oreja", "De Cable a Cable", "Suena el Timbre"; de hecho, los consideraba poco imaginativos, pero nunca se quejó. El país entero, enfebrecido, lo leía con una compulsión bastante parecida al fanatismo y a menudo se traducían y publicaban sus columnas en periódicos extranjeros como *Le Monde*, *The New York Times*, *Pravda*, *ABC*, *The Times*, *Granma*, etcétera. En el mundo de las revistas universitarias y profesionales se le consideraba un sabio erudito. Bastaba con que cualquier periódico o revista publicara una columna bajo el nombre de "El Telefónico", para garantizar que no quedaría un solo ejemplar sin vender.

Su consagración definitiva como primera figura intelectual del país, la cual desconocían, por supuesto, sus colegas de la oficina, no lo salvó sin embargo del escarnio burocrático. Una tarde lo llamó el Director a la oficina. Muy cortésmente le explicó su dilema:

—Aparentemente usted ni se baña ni se preocupa en lo absoluto por su aseo personal. Hace varios años debimos mudarle el escritorio a un rincón apartado. He hecho todo lo posible. Tengo la conciencia limpia porque he querido ayudarle. Mandé a echar perfume, a poner tantas flores que la oficina parece un jardín. Cada media hora un empleado vacía media botella de Lysol. Pero sus compañeros dicen no soportar más y han amenazado con irse a la huelga. La peste es realmente intolerable. Usted deberá bañarse, lavar ese pelo asqueroso que le llega a la cintura y cambiar esa ropa, con la cual ha venido aquí los últimos ocho años. También deberá podar su barba.

Él alzó lentamente los ojos rojos, los labios pálidos y sucios, y dijo en voz muy baja:

—La dialéctica paleogramática, aunque catarsis, deja de ser estática por definición.

Eso fue lo que dijo. ¿Y por qué habló así? Sería porque ya no estaba acostumbrado a hablar sin la ayuda de un aparato. Tal vez fueron los nervios. Pero el Director se asustó y con el mayor disimulo posible se acercó a la puerta y le pidió que regresara a su escritorio. Enseguida lo llamó por teléfono y repitió lo que le había dicho en la oficina. Esta vez él contestó. Dijo que no tenía dinero para comprar jabón o ropa. Eso dijo, nada más. El Director, perdida la paciencia, lo despidió.

¿Y qué hizo él? Nada, recogió sus pertenencias sin protestar y salió. Estaba tan tranquilo que daba la impresión de que lo había planeado todo desde mucho antes. Se fue directamente al banco. Luego visitó la Compañía Telefónica, la Autoridad de Energía Eléctrica, la Autoridad de Acueductos y Alcantarillados, y varios lugares más. Esa noche, después de tanta diligencia, preparó una pequeña antología con los números de sus amigos favoritos y comenzó a llamar. Éstos se sorprendían al escuchar sus insólitos comentarios humorísticos (él nunca tuvo un buen sentido del humor) y le preguntaban la razón. Su respuesta fue siempre la misma. Se reía a carcajadas y decía:

—Hoy me siento feliz.

Cuando temprano en la mañana del día siguiente llegaron dos camiones repletos de cajas de atún, salchichas, sardinas y jugos, él ayudó a los empleados a subir las cajas al apartamiento. Atestaron el dormitorio, el baño, la cocina, el comedor y toda la sala, excepto un pequeño rincón. Desde el techo hasta el piso y de pared a pared sólo se veían cajas. El apartamiento se redujo al tamaño de una nevera grande; la única luz provenía de la lámpara antigua que estaba junto al teléfono. Treinta minutos más tarde, mientras leía un libro que comparaba la filosofía peripatética con la escolástica, llegó el instalador de la Compañía Telefónica. Asustado, le preguntó dónde quería que instalara el cuadro telefónico de cuarenta líneas. Señaló con el dedo el rincón donde estaban parados, el único lugar libre que quedaba en el apartamiento, y tuvo que salir al pasillo para dejarle espacio al obrero.

La instalación tardó más de tres horas. El obrero, parcamente, dijo "ya" y se fue sin decir otra palabra. Al quedarse solo, él cotejó varios números al azar, y una vez satisfecho miró a su alrededor. ¡Todo estaba listo! Sería imposible quedarse sin teléfono. La comida duraría más de cuarenta años. Había pagado por adelantado el alquiler del apartamiento, el teléfono, la electricidad, el agua. ¡Nada faltaba! Con el rostro bañado de lágrimas de felicidad, se dobló a recoger los tablones que había reservado para este día y con mucho cuidado clausuró la puerta para siempre. En adelante se dedicaría únicamente a hablar por teléfono, sin distracciones, sin burocracias estúpidas que le amargaran la vida.

¿Y creció su fama? Claro, como consecuencia de su dedicación religiosa al teléfono su fama aumentó vertiginosamente. Con frecuencia se le homenajeaba en la radio y televisión, en revistas, en periódicos. Lo proclamaban la "Conciencia Intelectual del País", "Auténtico Hijo de la Patria", "Hombre de Experiencia Vital". A diario citaban sus pensamientos en las primeras planas de los periódicos; cuando llamaba para dictar sus columnas lo entrevistaban y le pedían consejos; en las universidades se prepararon enjundiosas tesis de maestría y doctorales en torno a su pensamiento; citas suyas aparecían también en camisetas que los adolescentes atesoraban, en relojes, en cámaras, en los parachoques de los autos y en juguetitos para niños.

Veinticuatro o veinticinco años después de su encierro definitivo, se le fundió la última bombilla. Sumido en la oscuridad absoluta, pensó que había sido su único error de cálculo, pero que de todos modos ya no le hacía falta la luz. Había llegado a esa etapa de la vida en que es innecesario seguir leyendo. Su misión era producir y pensar, y eso haría. Desde ese momento en adelante se consagró por entero al aparato y no pasó un día sin hablar un mínimo de veinte horas.

Diez años antes, su exprofesor y primer telecompañero había empezado a publicar sus artículos, pensamientos y ensayos. Cuando anunció que El Telefónico donaría todas sus regalías a las agencias caritativas, científicas y humanistas del país, todos los periódicos lo proclamaron "Primer Filántropo de la Patria". El profesor había muerto de viejo, pero su hijo, gran amigo también, seguía a cargo de sus escritos y acababa de empezar la publicación de sus Obras Completas. La venta histérica de estos gigantescos volúmenes, algo nunca visto en el país, hizo historia editorial ya que hasta las lectoras de Corín Tellado los compraban.

Pero una tarde llamó rutinariamente al periódico *Claridad* para dictar su columna (todos en el país conocían su riguroso apoliticismo). Al terminar el dictado, el periodista le dijo que era nuevo, que era un honor hablar con un intelectual como él y que desde niño había querido hacerle una pregunta. Una sola:

—Dígame, don Telefónico, ¿cómo logra usted siempre tener un teléfono a mano? El de mi casa siempre está dañado.

—Yo me preparé, joven —dijo sin pensar—. Tengo un cuadro con cuarenta lí...

Muy tarde se dio cuenta de su error y colgó el aparato. Quiso abofetearse, castigar su imperdonable torpeza. Sabía que, a pesar de la teórica confidencialidad de los expedientes telefónicos, le sería fácil a una persona con el dinero o los contactos necesarios conseguir la información que interesara. Se deprimió por primera vez en muchísimos años y sintió sueño, pero antes de quedarse dormido sintió temor, una emoción que había olvidado.

No contestó cuando al otro día tocaron a la puerta temprano en la mañana. Durante tres días consecutivos volvieron a tocar a la misma hora. El cuarto día se le aguaron los ojos a las doce del mediodía cuando se convenció de que no vendrían a molestarlo, pero el quinto día oyó un sinnúmero de pasos frente a la puerta. Alguien le gritó que abriera o que contestara, aunque fuera desde adentro; de lo contrario se presumiría que necesitaba ayuda y entrarían a rescatarlo. No contestó.

Con gran sobresalto oyó el primer hachazo sobre la puerta. Sintió que el corazón se le derretía. Cada golpe le parecía más absurdo, más irreal. La puerta comenzó a ceder ante los golpes del hacha. Lentamente fueron apareciendo finos rayos de luz que perforaban la oscuridad y le cortaban la piel y los ojos como navajas. De pronto oyó un estruendo apocalíptico. La luz, que como enorme bola de fuego entró rodando a la sala, le arrancó un bramido. Entre las moscas, mimes, mariposas negras y cucarachas, entre las telarañas y los nidos de ratas, hombres uniformados, con pañuelos sobre la boca y nariz, comenzaron a abrirse paso. Algunos, horrorizados, gritaban pidiendo una camilla; otros, con lágrimas en los ojos, le decían que todo estaba bien, que habían venido a salvarlo. Sentado en el suelo, en medio del gran círculo de sus larguísimos cabellos blancos, él parecía una araña gigantesca. Hizo un intento patético por ponerse de pie, pero le faltaron las fuerzas y cayó de espaldas. Uno de los policías sollozó al notar sus piernas inmóviles, secas, forradas de gusanos.

Cuando lo sacaron al pasillo sintió que el aire fresco y el resplandor de la luz iban a provocarle un mareo. Era como una sobredosis de realidad que saturaba cada centímetro de su cuerpo y le oxidaba la razón. Segundos antes de perder el sentido intentó agarrar la mano del paramédico y decirle algo. Fue un gesto inútil.

Escribir para Rafa

7 de julio de 1978
San Juan

Sr. Luis Miranda
Nueva York, EE.UU.

Estimado amigo Luis:

Cuando leíste mi nombre en la esquina izquierda del sobre, habrás pensado: ¿carta de Rafael, imposible! Claro, porque sabes muy bien que no soy escritor de cartas, y mucho menos escritor a secas. Siempre que te dan esos arranques de irte al extranjero me insultas y me amenazas, pero para estos asuntos epistolares no tengo remedio: soy la vagancia viva y te he acostumbrado a no recibir cartas mías. Entonces, ¿por qué escribo hoy? Como verás, se trata de una de esas intrigas bizantinas que tanto te gustan: escribo para no escribir.

Yo no diría que mis tiempos de ya-tú-sabes estén por concluir, pero ya suenan las trompetas del preludio: es posible que esté enamorado. Se llama

Angie. No sé si la recordarás; me has visto en tantas movidas diversas. Empecé a salir con ella como seis semanas antes de tú irte. Si no me equivoco la viste en dos ocasiones. Primero, la noche que Ángel del Bosque (te envía muchos saludos) y yo fuimos a la discoteca Isadora's y te vimos cuando salías. Él estaba con Mabel (la bailarina de piernas largas y hermosas) y yo con Angie. Te acompañaba la azafata de ojos verdes (olvidé su nombre). Debido a tu prisa, y a la poca luz, tengo dudas de si recuerdas a Angie o de si tan siquiera recuerdas el encuentro. Llevabas traje gris y corbata vino de puntos blancos. Ella llevaba traje abombachado de seda azul marino, abierto hasta la mitad del muslo por el lado izquierdo.

La segunda ocasión fue el día en que, con mucha prisa, viniste a mi casa a buscar *Las cuatro estaciones*. Tenías pantalón negro y camisa azul cielo. Yo tenía una falda larga de seda rosada y una blusa blanca de mangas largas y escote atrevido, la cual le quedaba muy bien. Mientras tú y yo charlábamos, ella se limitó a sorber el Drambuie con hielo que yo acababa de servirle. Pero tan pronto saliste preguntó por ti y fuiste el tema de una larga conversación. Naturalmente, le dije lo que ya sabes: amigos de más de dieciocho años, poeta, perfeccionista compulsivo, fantasioso, bohemio sin remedio y despistado para todo lo que no tiene que ver con la literatura. Le expliqué esa perversa manía tuya de contar las barbaridades y los embustes más increíbles con la cara más seria del mundo. Le conté también que un poco antes de que ella llegara me habías llamado muy angustiado porque estabas escribiendo un cuento y necesitabas *Las cuatro estaciones* para "crear ambiente". Recuerdo que rió y dijo que te parecías a Balzac porque él se ponía una sotana cuando escribía. Al final de la conversación, cuando le dije que eras un don Juan, me contestó que era de esperarse por lo de "dime con quién andas"; y dijo que eras "de lo más guapo" (ja, ja).

Bueno, sigamos. Te he deleitado con este largo trasfondo por razones que entenderás al final. Es muy importante que entiendas que es muy inteligente, inquisitiva, ingeniosa, extrovertida, sensible, despierta, sigue y pon.

Estudió literatura y educación en la universidad. No es, en fin, una tipita común ni intelectual ni físicamente. Pena me das si no recuerdas lo bella que es.

Dije que estudió literatura, lo cual va acercándome al problema, al motivo de esta carta. Recientemente la trasladaron a Ponce. Trabaja con el Departamento de Instrucción Pública como supervisora de Programas Especiales. Implantarán un programa nuevo en la región de Ponce y ella deberá supervisarlo durante los próximos dos o tres años. Decidió que la forma más práctica de evitar el trajín diario sería mudándose allá (como sabes, en auto son tres horas ida y vuelta). Tomé un apartamiento en un condominio moderno y ha llenado la sala de plantas y cojines. Sólo nos vemos los fines de semana. Por lo general los pasamos en San Juan; yo voy allá cuando ella no tiene deseos de viajar. Ponce es un cementerio. A las siete de la noche el alcalde cierra la ciudad con llave y se larga (para San Juan, claro).

Ahora voy entrando al asunto. Angie me envió una carta con una proposición muy original, la cual te incluyo. Aunque no sirvo para este tipo de cosa, me es muy difícil decirle que no. No quiero que me piense insensible, o seco, vamos. Llevaba días atormentado con este problema cuando de pronto me acordé de ti. Cada vez que te hago un favor como auditor (sobre todo en la época de los impuestos) me ruegas que te pida algo a cambio, lo cual nunca he hecho. Ya debes imaginar lo que voy a pedirte ahora. En efecto: cuando yo reciba las cartas de ella te las enviaré de inmediato. Tú me envías la respuesta. Entonces yo la echaré desde acá (no puedes enviarla directamente desde Nueva York porque el matasellos nos delataría). Las cartas tardan diez días en llegar, pero la mía tardará algunos días más ya que deberé esperar la de Angie.

¿Trato hecho? Como verás al leer la carta, es imposible que surjan asuntos que no puedas contestar porque están prohibidos. Bueno, pana, ¿me ayudas? Contesta prontorápido.

Tu amigo,

Rafael

P.D. Ángel te envía saludos. No sé si te enteraste de que lo ascendieron a Contralor. También se hizo socio del último alarido en discotecas: The Flying Saucer. ¿Cómo has pasado tus primeros dos meses en Nueva York? ¿Aún piensas quedarte cinco años? ¿Qué tal tu eterna brega con la soledad?

30 de junio de 1978
Ponce

Mi amado Rafael:

¿Sorprendido? Te he alertado antes: soy impredecible. Y caprichosa, como verás ahora. Prepárate para recibir una oferta que "no podrás rehusar". Quiero que establezcamos un carteo especial. No tendrá relación alguna con nuestras visitas o llamadas telefónicas. No comentaremos lo cotidiano. Serán cartas de amor puro, a corazón abierto. Como dos seres de aire, solos en un planeta desierto, o como dos almas que conversan sentadas sobre una nube. No discutiremos las cartas cuando nos veamos personalmente, para mantenerlas incontaminadas de todo lo que sea "realidad" (porque lo que queremos, precisamente, es enajenarnos). Si estás de acuerdo, e insisto en que así sea, no podrás decírmelo en persona sino por medio de la primera carta. ¿Te animas?

Dale, qué solemne me he puesto. A ver: ¿me amas, pichón? ¿Tanto como yo a ti? Feíto, mentiroso; sólo soy otra más de tus muchas. No me lo niegues, Casanova. Feo.

Sonríe, lindo. Contesta. Besos, besitos, besos.

Te ama,

Angie

***

17 de julio de 1978
Nueva York

Sr. Rafael L. Betancourt
San Juan de Puerto Rico

Estimado amigo Rafa:

Pero claro que recuerdo lo sabrosa que está, las caderas anchas y los muslos llenos, es todo un relojito de arena, y quemadita como me gustan. Te felicito, es un bombón. Recuerdo que aquella noche en Isadora's la observé bien porque no llevaba brasier y ya sabes cómo me afectan esa cosas. Le doy 10 en escala de 10. Además es muy sexi, tiene clase, caché, calidad y seguramente hasta garantía. Vaya, el Burlador de Sevilla recibe una proposición interesante, casi deshonesta: la carta de las cartas. Pues bien, aunque siento cosquillas acepto, porque me gusta la intriga, es refrescante. (¿Tendrás acaso alguna amiguita que te esté pidiendo un hijo? Yo podría hacérselo por ti.) Los términos que ella establece facilitan mi intervención. Será una especie de proyecto literario en torno a un personaje especial: la mujer desconocida, ideal, que con cada carta se me irá concretando hasta que tal vez llegue a conocerla. Me enamoraré de ella literariamente porque es imposible dejar de amar a una desconocida. Ya te he dicho que creo en el coqueteo, en la dulce dilación del placer que acostumbra imponernos la mujer latina. La insinuación, el pezón furtivo, me excitan más que la desnudez repentina.

Partiré desde los enormes pezones de tu amada para ir conociéndola centímetro por centímetro. Todo, claro, puramente literario; no habrá motivo para los celos. Después de todo eres tú quien me impone esta labor. Sin embargo debo advertirte, espero que por última vez, que no soy poeta sino prosista. Ustedes los contables se creen que la literatura es todo lo mismo, garabatos extraídos de un mismo molde; pero debes creer que hay grandes diferencias. Aun así me esforzaré porque eres mi pana.

Ahora hay algo que te obligará a escribirme. A ver si por alguna vez en tu perro expediente epistolar me enteras de los sucesos de la patria y de cómo andan mis amigos. Incluyo la primera carta. Te abraza,

Luis

P.D. Gracias por no comenzar tu carta con el viejo "Te escribo esta carta para decirte que yo estoy bien ADG".

17 de julio de 1978
San Juan

Mi querida Angie:

Anoche soñaba contigo y desperté y te vi sobre la cama flotando, desdibujada, a punto de esfumarte pero no capitulé, no pude aceptar la ausencia de tu presencia, me senté en la cama y te dibujé y con el dedo tracé cada pulgada de tu cuerpo, dibujé tu boca, tus muslos, tus senos, te rescaté, reingresaste a mis sueños.

Te ama,

Rafa

***

17 de julio de 1978
Nueva York

Sr. Paulino Rodríguez
Viejo San Juan, Puerto Rico

Estimado amigo Paulino:

Recibí la copia de mi cuento con tus muy eruditos comentarios al margen. Los creo pertinentes y te garantizo que los incorporaré a la próxima redacción del mismo. No me interesa el apartamiento. No dudo que sea una buena inversión pero pienso estar un buen rato más por acá. Pablo Navarro me escribió la semana pasada y dice que Luis López anda buscando un apartamiento en tu folclórico Viejo San Juan, así que comunícate con cualquiera de ellos.

Bueno, ahora quiero consultarte un problema muy serio. Aunque conozco varios homosexuales, tú eres el único con quien realmente tengo amistad. Los demás son apenas colegas del oficio y mantengo un trato con ellos que no trasciende lo profesional. (Esto no se debe a prejuicios, como sabes, sino a una evidente ausencia de intereses comunes.) Eres, pues, la única persona en el mundo que puede ayudarme. El problema:

Tengo un amigo (no usaré nombres para proteger a los inocentes, como dice la jara) de más de 18 años de excelente amistad. Yo nunca le había notado nada: todo lo contrario, ya que siempre lo creí un furibundo militante heterosexual. Hemos corrido juntos la-seca-y-la-meca y él siempre ha sido todo un don Juan. (Ya sé lo que estás pensando: que tú también fuiste así pero de pronto puf.) Bueno, cuando me fui de Puerto Rico me despidió como de costumbre; todo se veía normal. Era, simplemente, el amigo de siempre.

Pero hoy recibí una carta grotesca. Después de releerla muchas veces y analizar fríamente su contenido me veo obligado a llegar siempre a una misma conclusión: mi amigo se está homosexualizando (o ya lo es). Tú me dirás que eso no es un problema. Antes de que me bajes con una arenga antimachista déjame aclararte que ya lo sé. Pero sigue leyendo para que veas que el problema es mucho más complejo. Mi amigo habla de una chica que, según alega, le ha propuesto iniciar un carteo amoroso. (He visto a esta chica pero estoy convencido de que es un simple pretexto de mi amigo.) Dice que como él no es escritor quiere que yo se las escriba y me incluye la primera carta apócrifa. Es decir, pretende iniciar correspondencia amorosa conmigo, él y yo solitos y juntitos como dos linditos noviecitos (perdona la rima). Ahora bien, todo esto es difícil de creer. Ningún hombre permite que otro hombre le escriba cartas amorosas a su mujer. Pero lo que realmente delata a mi amigo es su carta, la que firma con su nombre. Se equivoca varias veces y usa el femenino en vez del masculino (como haces tú cuando pierdes el control). Se regodea en unas descripciones francamente femeninas (de la ropa que yo llevaba puesta tal día, de la "falda" que admite por error haberse puesto). Antes él nunca hubiera prestado atención a la ropa que yo vestía, pero ahora ¡está hecho un travesti! Hasta llega al extremo de piropearme indirectamente: me dice "guapo" y luego suelta un "ja, ja" burlón.

Por favor, Paulino, aconséjame. ¿Qué hago? No creo, te repito, que su homosexualismo sea el problema. A cada cual lo suyo. (Bueno, no puedo mentirte: admito que me afecta un poco, es un shock. ¡Cáspita, recórcholis!, como dirías tú.) Pero es que me coloca en una situación difícil. Evidentemente es a causa de su timidez que acude a este invento de la "amiga". Yo no podría decirle la verdad a la cara porque la vergüenza lo mataría. Accedí a escribir las cartas pero me desresponsabilicé indirectamente al decirle que para mí sería pura literatura y que vería a la amiga como si fuera un personaje literario. Pero sólo fue un subterfugio temporal, en lo que decido cómo resolver el asunto. ¿Qué, entonces, me aconsejas? Eres el más indicado para ayudarme con este dilema porque podrías, pienso yo, colocarte en su lugar; conoces bastante sobre lo que me atrevería a llamar la "sicología homosexual". No quiero ofenderlo porque sigo, y seguiré, apreciándolo mucho. ¿Cuál sería la forma más sutil de acabar con esta tontería?

Quedo en espera de tu muy importante respuesta.

Te abraza

Luis

***

29 de julio de 1978
San Juan

Sr. Luis Miranda
Nueva York, EE.UU.

Estimado amigo Luis:

Algo aprendí, ya ves, de los montones de cartas que me enviabas y que nunca me digné contestar, ADG. Te doy las gracias y te felicito por una gran labor. La carta es insuperable y preciosa. No la comenté con Angie, por supuesto, pero he notado un cambio. Está muy alegre y hasta me atrevo a decir que exuberante. Yo desconocía la importancia que le daría a las cartas. La brevedad y el tono poético fueron un acierto. Así hay menos riesgo de entrar en temas que nos delaten. Ahí te envío la respuesta.

Tu amigo,

Rafael

28 de julio de 1978
Ponce

Mi amado Rafael:

Ya mis sueños no son los mismos, los has alterado para siempre. Yo sabía que tenías otro por dentro. Era cosa de un amoroso empujoncito para que se manifestara. Escribes demasiado bello. No tendré la soberbia de intentar igualarte así que deberás conformarte con enterarte del placer tan enorme que recibo al leerte. Lo único que puedo darte, a cambio de la dicha que me regalas, son estas sencillas palabras: te amo, donde quiera que estés.

Amor,

Angie

***

8 de agosto de 1978
Nueva York

Sr. Rafael L. Betancourt
San Juan de Puerto Rico

Estimado amigo Rafa:

Ahora el chantaje: o me envías cartas más sustanciosas o dejo de escribir para tu Angie. Vamos, chico, bromas aparte: sólo envías un telegramita insulso, una nota al calce. Cuéntame qué está pasando allá abajo con ustedes los *natives* y con la política y con los amigos.

En estos días sale por allá mi novela. La edición ha quedado muy elegante. A ver si me deseas suerte. Ahí va la de Angie.

Te abraza,

Luis

8 de agosto de 1978
San Juan

Mi querida Angie:

Dices que ya no sueñas igual. ¡Poco he cambiado tu vida! De mí puedo decirte que desde que te conozco soy otro en mis sueños, en mis cenas, en el trabajo, hasta en el caminar. Cuando pienso en ti acostado en mi cuarto oscuro, de pronto el techo es un resplandeciente mar de leche agitado por el viento. El cuarto llueve piedras preciosas, rubíes, topacios, esmeraldas, diamantes chispeantes que me ciegan, y cuando cierro los ojos es tu figura son tus brazos es tu torso son mis hambrientas manos.

Te ama

Rafa

***

20 de agosto de 1978
San Juan

Sr. Luis Miranda
Nueva York, EE.UU.

Estimado amigo Luis:

Otra broma así y muero, si dejaras de escribir las cartas me da algo y pum. Me tienes impresionado, escribes requetebién. Te complaceré, hombre, te daré noticias. Cálmate, mijo.

Ángel está bien. Ya le dieron el puesto en propiedad aunque ahora le ha dado con estudiar leyes. Estuvo bastante embollado con la Mabel pero eso como que se está diluyendo.

En la política las cosas están igual que siempre. En Vieques a cada rato hay un revolú y hace poco pasó no sé qué en el Cerro Maravilla. Creo que unos terroristas mataron a unos policías, o al revés, no estoy al tanto. Sé que este tema te fascina, pero ya sabes que a mí la política plin.

Anoche fui con Angie a la discoteca "in": The Flying Saucer. Tanto por dentro como por fuera parece un auténtico platillo volador. Los efectos de luces y sonidos son una droga. Es el último chillido en discotecas. Angie está de lo más contenta últimamente, sobre todo los días que recibe tus-mis cartas. Estoy convencida de que no sospecha nada. Sólo te ha mencionado en una ocasión para preguntarme si me habías escrito. Calma, sé que tu

novela será un éxito.
Ahí la de ella.
Tu amigo,

Rafael

19 de agosto de 1978
Ponce

Mi amado Rafael:

Tu carta intensificó mi complejo de malísima escritora. Estuvo tan linda. Creo que mi gran idea, o proposición, va tomando un giro que me fascina. Soy todo en uno: tu público y tu homenajeada. Cada palabra que leo me hace quererte más. Eres tan chulo, tan dulce. Te quiero, amor.

Por favor, mándame otra carta pronto. Me "intoxican".

Te ama,

Angie

***

30 de agosto de 1978
Nueva York

Sr. Rafael L. Betancourt
San Juan de Puerto Rico

Estimado amigo Rafa:

Me alegro de que Ángel esté en las de meterle mano a leyes, aunque ya sabes que andan choretos a dos por chavo. No me cabe la menor duda, sin embargo, de que él sabrá lo que hace. Evidentemente la prensa norteamericana me tiene mejor informado de lo que la criolla te tiene a ti. Basta un análisis objetivo de los hechos para saber que los malos mataron a los buenos. O sea, la policía a los muchachos. Pero claro, a ti la política siempre plin. El calor acá está del carajo. Ahí la de Angie, que voy apurado.

Te abraza

Luis

30 de agosto de 1978
San Juan

Mi querida Angie:

Me alegro mucho de que mis cartas te hagan tan feliz. Después de enviarte la última varias imágenes se imprimieron en mi mente. Esa misma noche escribí lo siguiente para ti:

Me enterró las uñas
mordió mi hombro

todo lo recuerdo

ahora que su ausencia me arde
ahora que miro el reloj y la espero
todo lo recuerdo

Te ama

Rafa

***

1ro de septiembre de 1978
Viejo San Juan

Sr. Luis Miranda
Nueva York, EE.UU.

Estimado amigo Luis:

Dicen el folclor y las malas lenguas que los homosexuales fantaseamos mucho. Pero tú, sin serlo, eres un verdadero prodigio, un fenómeno de la especulación, una mutación, la alucinación en carne viva. ¿Cómo diablos llegas tan fácilmente a una conclusión tan chillonamente radical, tan extravagante? Te conté que yo había sido todo un machito antes de la "conversión", pero también te conté que tenía mis cositas, mis partiditas ocasionales, y que cualquiera que hubiera observado bien (como los hubo) me hubiera visto las costuras. Pero tú dices que tu amigo es un macho bien macho y que de pronto, como princesa medieval, cayó rendido y suspirante a los pies de don Luis de Miranda, vizconde de New York. ¡Bizco es lo que estás tú! Coño, carajo, hostia. ¿Quién dice que lo de la amiga no es cierto? Acaso no está en el carajo de Ponce. ¿Qué amenaza puedes serle tan lejos, si estás en Nueva York? Los rivales, mijo, son una realidad concreta.

¿Cuál es mi opinión? Creo que deliras. Los detalles que llamas femeninos (descripciones de ropa, qué sé yo) son producto del enchule de tu amigo con su amiguita. Cuando los hombres se enamoran sufren una trasformación que ustedes los machistas (sí, te acuso) llaman "afeminación", pero sólo se trata de una sensibilidad exaltada. Yo he visto a los muelleros más hoscos conmoverse hasta las lágrimas ante la menor tontería (una rosa marchita, digamos) cuando están enamorados; y no, necesariamente, de una mujer. Te recomiendo que abandones la lectura de tanta novela de intriga y que te dediques a los naturalistas. O a la historia. Para que así te afinques mejor en la tierra. Mi consejo: hazle el dichoso favor y escríbele las cartas. Para eso eres buen escritor y él es tu buen amigo (aunque no lo merezcas). Intenta, también, controlar tu imaginación virulenta. Me tienes aterrado.

Johnny está bien y te envía saludos, como de costumbre. Su tesis salió de la imprenta hace tres semanas y ya ha recibido muy buenas críticas. Yo sigo tratando de estudiar para la reválida pero después de tu estridente carta creo que tendré que irme a la playa por unos días.

Víctor estuvo por acá y te envía saludos. Llamaré a Pablo o Luis. Perdona que tardara tanto en contestar. Son los estudios, sabes.

Cariñitos,

Paúl

***

11 de septiembre de 1978
San Juan

Sr. Luis Miranda
Nueva York, EE.UU.

Estimado amigo Luis:

Yo bien, Angie bien, Ángel bien, etc. Se me olvidaba decirte que no soy contable sino auditor. Sí, estudié contabilidad pero soy auditor, ¿entiendes? Te lo he dicho mil veces, para que veas que no somos los "contables" los únicos que confundimos términos. Gracias por decirme quiénes son los buenos y los malos. ¡Ay, la política!

La próxima será más sustanciosa. Incluyo la de Angie.

Tu amigo,

Rafael

10 de septiembre de 1978
Ponce

Mi amado Rafael:

Es el primer poema que me dedican. Ahora vale más que el oro. Te juro que cuando el mundo se acabe y la luna se gaste de tanto girar yo seguiré recordando tu poema.

Con alguna timidez te confieso que, al leerlo anoche, el erotismo del poema me excitó. Me paseó sobre violentos mares cuyas olas me mojaron. Cuando me acosté cruzaba y descruzaba las piernas; me viraba bocabajo, bocarriba. No pude dormir hasta quitarme la bata y apretar la almohada entre los muslos. Perdona si he sido demasiado explícita. Sostengo que tu última carta me ha dado licencia.

Te ama,

Angie

***

21 de septiembre de 1978
Nueva York

Sr. Rafael L. Betancourt
San Juan de Puerto Rico

Estimado amigo Rafa:

No sabes cómo me entretiene la Angie. Últimamente hasta me excita (sabrás por qué si te ha dado con leer sus cartas). Aunque por respeto a ti, claro, me abstendré de ponerme muy erótico. Pero ¿tengo la culpa de que la tengas tan abandonadita en Ponce? Esas distancias, aparentemente, afectan. Porque está que chispas. Como un encendedor sin gas: chispas chispas. Ahí la carta de ella.

Te abraza

Luis

21 de septiembre de 1978
San Juan

Mi querida Angie:

Quiero contar la angustia
que me causa reconocer
cómo se pueden parecer
la muerte y los amores:
nunca faltan las flores

Te ama

Rafa

***

2 de octubre de 1978
San Juan

Sr. Luis Miranda
Nueva York, EE.UU.

Estimado amigo Luis:

Muy cómico, comiquísimo. Pero lo cierto es que Angie está metiéndose en una onda que podría obligarme a pensar que la estamos compartiendo. No me preocupa, sin embargo, porque confío en ti.

Ángel bien y te envía saludos. Aprobó el examen de CPA y ahora se prepara para el de leyes. El pasado fin de semana estuve con Angie en Boquerón. Ahí te incluyo la próxima.

Tu amigo,

Rafael

1ro de octubre de 1978
Ponce

Mi amado Rafael:

Estoy triste y alegre. Alegre por el poema tan lindo. Triste porque es tan trágico y porque olvidaste contestar (o decidiste ignorar) los comentarios de mi última carta. ¿Te ofendió mi franqueza? Por favor, aclara mis dudas.

Te ama,

Angie

***

12 de octubre de 1978
Nueva York

Sr. Rafael L. Betancourt
San Juan de Puerto Rico

Estimado amigo Rafa:

Me apabullan las toneladas de noticias, el alud de comentarios y pensamientos que me envías. Sobre todo por lo pertinentes. Eres un auténtico periodista nato. Vamos, hombre, bromas aparte: dime un poco sobre tu vida. Son tantas las noticias que me das sobre ti que a veces pienso que no existes.

Estoy meditando en torno a la posibilidad de pasarme dos semanas de vacaciones allá. ¿Qué opinas? ¿Valdrá la pena, o mejor a Europa? Dame tu consejo. El mundo entero sabe que ustedes los "contables" se dan la mejor de las vidas posibles. Incluyo la de Angie.

Te abraza

Luis

P.D. Perdone usted, señor "auditor".

12 de octubre de 1978
San Juan

Mi querida Angie:

De una mujer fea, dientes partidos, piernas torcidas, muslos flacos, pecho cóncavo y nalgas estrujadas podría esperar una carta tan insegura como la tuya. ¿Pero de ti? No, mi amor, nunca podrías ofenderme. Había escrito ese poema y quería enviártelo. Sabes que en estas cartas sólo toco un tema a la vez. Pensé referirme a tus comentarios en la próxima ocasión, ésta. Nada que tú digas puede ofenderme, menos aun si el tema es amor. Si mi poema parece trágico es porque el amor también puede serlo. Como la tragedia que hoy vivimos tú y yo, la distancia, que nos prohíbe disfrutar de tantos momentos juntos. ¿No crees que los enamorados merecemos un lugar especial que erradique lo cotidiano? Estas cartas son nuestro oasis.

Te beso toda, Angie. Te ama

Rafa

***

24 de octubre de 1978
San Juan

Sr. Luis Miranda
Nueva York, EE.UU.

Estimado amigo Luis:

No te recomiendo que vengas. Aquí no hay vida, como dice el bolero. No pasa nada. Las discotecas son todas una misma mierda y llueve tanto que ni la playa. Vete a Europa.

No te escribo sobre mí porque te aburrirías. Ahí lo de Angie. Gracias por el favor continuo.

Tu amiga,

Rafael

23 de octubre de 1978
Ponce

Mi amado Rafael:

Me has avergonzado. Me siento tan mal. Es cierto que entre nosotros no puede haber malentendidos. Nuestro amor está por encima de pequeñeces. Pero aprendo rápido. Puedes estar seguro de que no volverá a suceder. De hecho, te diré que anoche, pensando en ti, hice una cosita de lo más rica. Estás muy lejos y hay momentos en que tu presencia me es necesaria porque no bastan las cartas.

¿Y cuál fue esa cosita rica? Bueno, te juro que no lo planeé. Primero releí en la cama el primer poema que me enviaste. Luego no podía dormir. Me desnudé creyendo que se debía al calor. Me acosté bocarriba, con las piernas levantadas. Pero el calor era otro. Con la boca mojé mi dedo y eras tú quien entraba y salía, quien revolvía mis fantasías y meneaba mis anhelos. Me explorabas y provocabas mi jadeo.

Casi me decido a terminar con la distancia.

Te ama,

Angie

***

3 de noviembre de 1978
Nueva York

Sr. Rafael L. Betancourt
San Juan de Puerto Rico

Estimado amigo Rafa:

Si no te conociera mejor sería capaz de acusarte de celos, de no quererme en Puerto Rico por aquello de que no vaya a robarte a la famosa Angie. ¿Dónde están esa confianza, esa vieja amistad? Jummmmm.

Ayer, casualmente, releía algunas de las cartas. ¿No te extraña que Angie no se haya quejado de tu-mi lentitud al responder? Las cartas tuyas-mías tardan 22 días en llegarle (en lo que vienen a Nueva York y regresan a San Juan) pero ella contesta el día que las recibe. Bueno, mientras no se queje no hay caso. Aún tengo planes de ir a la patria.

Te abraza

Luis

3 de noviembre de 1978
San Juan

Mi querida Angie:

La próxima vez pensarás que tus dedos son mis labios.

Te ama

Rafa

***

15 de noviembre de 1978
San Juan

Sr. Luis Miranda
Nueva York, EE.UU.

Estimado amigo Luis:

Nada mi distinguido correligionario, nada de celitos. Es que debes creerme, Puerto Rico se ha erigido en la Atenas del aburrimiento feroz, culi dil mundi, Meca del bobo y babeante bostezo; en fin, una mierda. Cuando se decidan a ponerle una enema a este planeta te juro, carajo, que la meterán por San Juan. Vete a Europa o a la República Dominicana. Yo estuve con Ángel en Santo Domingo y la pasamos fabu.

Ahí lo de siempre.

Tu amigo,

Rafael

14 de noviembre de 1978
Ponce

Mi amado Rafael:

Tus labios-mis dedos como rosada lengüita de lagartija me exploran, como arqueólogo iracundo me excavan, como oso peludo invernan en mi cueva.
Te ama,

Angie

***

25 de noviembre de 1978
Nueva York

Sr. Rafael L. Betancourt
San Juan de Puerto Rico

Estimado amigo Rafa:

¿Conque no son celos? Pues tendrás que probármelo pronto porque he decidido que debo ir, que la patria no puede sobrevivir otro segundo sin mi augusta presencia. No tengo la fecha aún pero te informaré con tiempo. Y no me vengas con lo de Santo Domingo porque me habías dicho que Ángel y tú se comieron un cable Overseas Extra-Large y que lo único que conseguiste fue una gusanita adolescente que andaba con la mamá y que apenas se dejó tocar las tetas. ¿Ves como me acuerdo?

Me sorprendió que escribieras tu última carta a mano, ya que siempre, al igual que yo, lo haces a máquina. Hacía mucho tiempo que no veía tu letra pero me atrevo a jurar que no se parece. Antes escribías más grande, más vulgar. Pero ahora tu letra está de lo más estilizada, incluso es casi igual a la de Angie. ¿Te fijas? Eso se debe a los numeritos esos que te pasas haciendo. Sigue llenando columnas y haciendo tanto signo de $$$$$. Te vas a cegar. (Y aunque llegues algún día a burgués, ¿de qué te valdrá si estás ciego?)

Ahí, como de costumbre, lo de Angie. Te abraza

Luis

25 de noviembre de 1978
San Juan

Mi querida Angie:

...porque mis labios-tus dedos son ese punto resplandeciente en el espacio donde estamos siempre juntos, esa gota inmortal de tiempo donde no tenemos pasado, ni presente, ni futuro sino mis labios-tus dedos juntos, rozándose, chispeantes, lanzando llamas infinitas que consumen lunas y mundos deshabitados porque nada mata mundo donde habita amor. Te ama

Rafa

***

5 de diciembre de 1978
San Juan

Sr. Luis Miranda
Nueva York, EE.UU.

Mi amado Luis:

Escribí a mano porque tenía la maquinilla rota, pero la arreglaron ya, como notarás. Siéntate cómodo porque tengo noticias. Angie ha estado bastante nerviosa en estos días, bastante descuidada; parece que las presiones del trabajo y eso. El pasado fin de semana lo discutimos y ella pensó que necesitaba un descanso. Analizamos todas las opciones con calma y concluimos que lo mejor sería que se pasara dos semanas en Nueva York porque a ella le gusta mucho el frío (ya sabes que, según Pedreira, es el calor de acá lo que nos tiene así). En estos momentos ella no tiene amigos allá, por lo que decidí pedirte que la alojaras. Le he afirmado que de tu parte no habrá problemas y que no debe preocuparse por nada porque tú sabrás respetarla como novia mía que es. Tú conoces mi filosofía, Luis: cuando te la quieren pegar te la pegan, no hay cinturón de castidad que se interponga. Por eso lo importante es confiar y yo confío plenamente en Angie y en ti.

Envíame tu respuesta pronto. Ahí la de Angie.

Tu amigo,

Rafael

5 de diciembre de 1978
Ponce

Mi amado Rafael:

Tus labios-mis dedos humedecen mis montes, circulan como lobo hambriento, caen vorazmente sobre el pico rosado, desde abajo primero, apretando a los lados ahora, jugando, amasando, halando suavecito, apretando con hambre, los dedos húmedos de labio, tus labios-mis dedos, como encías de bebé me rasguñan, raspan dulcemente la punta rosada, "esa gota inmortal de tiempo" donde todo es dedos y labios y rosa y amor y jadeo y pecho que late añorando tu presencia.
Te ama,

Angie

***

15 de diciembre de 1978
Nueva York

Sr. Rafael L. Betancourt
San Juan de Puerto Rico

Estimado amigo Rafa:

Muy mono tu saludo, tu "mi amado Luis"; bueno que te me estés metiendo a maricón después de viejo y tantas nenas (o, como dirías tú: trofeos).

Claro, claro, sé que son las presiones, el asunto de la Angie, así que te perdono. Pero recuerda que acostumbro guardar todas las cartas que recibo y que algún día mi futuro biógrafo podría verse en apuros cuando intente descifrar este tipo de cartas.

Bromas aparte, convenido. Puedo hospedar a Angie sin inconvenientes. En estos días ninguna chica se está quedando conmigo fijamente así que podrá usar mi cuarto (el único). Dormiré en la sala. Notifícame la hora y el día para buscarla en el aeropuerto (los taxis están en huelga, iré en subway). Quiero excusarme por lo que te dije de los celos. Tu liberalidad con Angie te libra de todo mal.

La venta de mi novela va mal. Reza por mí que soy ateo, ADG. Te abraza

Luis

15 de diciembre de 1978
San Juan

Mi querida Angie:

(¿Conque (el (poeta (era (yo (bien (adentro (en (el (((fondo))) y) tú) me) lo) sacaste) con) un) empujoncito?)
Aquí la poeta eres >tú<. Te ama

Rafa

***

15 de diciembre de 1978
Nueva York

Sr. Paulino Rodríguez
Viejo San Juan, Puerto Rico

Estimado amigo Paulino:

Siempre muy perspicaz, señor sicólogo: serás buen abogado. La amiga sí existe. Me equivoqué, ¡y de qué modo! No sé cómo diablos me entró la idea de que mi amigo se redefinía. Debe ser que estaba leyendo a Puig en esos días. Para él, sabes, todo hombre es el capullo de una loca (y si no lo es, debió serlo). Bueno, desde entonces vengo sosteniendo correspondencia sistemática con mi amigo y contestando las cartas melodramáticas y romanticonas de su amiga (si vieras la mierda que debo escribir para complacer a mi pana). Lo que erradicó mis dudas de una vez fue lo siguiente: acaba de sugerirle a ella que venga a pasar dos semanas conmigo. ¿Puedes creerlo? Antes pensé que mi amigo salía tímidamente del clóset, pero lo cierto es que está hecho un chulo, un vulgar alcahuete. ¡Me envía por dos semanas a la supuesta novia, que de ser la misma que he visto, está buenísima! Esta es mi nueva hipótesis: ella se enamoró de mí cuando me vio. Poco tiempo después dejaron de salir juntos. Luego ella se comunicó con él, le explicó lo que sentía, y él se prestó a servir de intermediario. Él pensó, porque me conoce, que decirme la verdad me hubiera desinteresado (él sabe que las conquistas fáciles me aburren) así que idearon el asunto de las cartas para que yo fuera conociéndola paulatinamente (el misterio siempre seduce). Ahora que la conozco, que evidentemente me ha despertado cierto interés por medio de las cartas (aunque algo empalagosas), decidieron que había llegado el momento de servirme el bisté en bandeja de plata. Bueno, ya te contaré.

Tu carta, como siempre, es prodigiosa y brillante, pero cometes un error: los rivales no son una realidad concreta. Suelen ser pura ficción. Te abraza

Luis

***

27 de diciembre de 1978
San Juan

Sr. Luis Miranda
Nueva York, EE.UU.

Estimado amigo Luis:

Feliz nochebuena, navidad, año viejo, año nuevo, reyes, octavitas y demás puñetitas de rigor. Estas navidades no tendrás que regalarme nada porque en estos seis meses de correspondencia ininterrumpida ya lo has hecho. Favor tan tremendo sólo puede hacerlo un gran amigo. (Suspiros, lágrimas, abrazos fuertes, música de fondo, aplausos, etc.)

Cumplido, pues, el protocolo festivo, continuemos con las cosas importantes: llega el seis de enero, regresa el veinte. Vuelo 939 de la Eastern, con arribo a las 5:35 PM, hora de allá.

Ha quedado implícito, entre Angie y yo, que durante su estadía en Nueva York se suspenderán las cartas "clandestinas". Tampoco escribiremos cartas "normales" porque tardan demasiado. Lo más conveniente es que me llame de vez en cuando (con cargos, por supuesto; sé que eres un escritor de "escasos recursos económicos").

Tampoco deberemos escribirnos tú y yo. Le dije que apenas lo hacemos a menos que sea algo sumamente urgente (para alejarla de las sospechas). Gracias por todo. Ahí la de ella.

Tu amigo,

Rafael

26 de diciembre de 1978
Ponce

Mi amado Rafael:

No soy sino una mujer enamorada. Eres tú quien me escribe, quien me inventa cada día con la pluma.

Te ama,

Angie

***

30 de diciembre de 1978
Viejo San Juan

Sr. Luis Miranda
Nueva York, EE.UU.

Estimado amigo Luis:

Gracias por lo de perspicaz, aunque ya lo sabía. Sin embargo, esta vez estoy confundido un poco. No puedo creer que tu amigo esté enviando a la novia (que dices no es novia) a tu casa para entregártela en bandeja de plata. Nuevamente divagas. Tu hipótesis sigue siendo atrevida. Realmente debe ser la novia y ya verás que se portará como toda una señorita. Aunque no sé; hay tantos cabos sueltos. Uno de los dos está loco: o tú o tu famoso amigo.

Esta es sólo una breve notita. Estoy muy cansado porque la reválida será en pocas semanas. Muchas felicidades y que el año nuevo te traiga un poco de cordura.

Cariñitos,

Paúl

***

22 de enero de 1979
Nueva York

Sr. Rafael L. Betancourt

San Juan de Puerto Rico

Estimado amigo Rafa:

Ya te habrá contado Angie cómo la pasó. Espero que no tengas quejas de mí como anfitrión. Por espacio de dos semanas le cedí mi habitación (dormí en el sofá, donde casi siempre lo hago de todos modos), lavé las sábanas y las toallas, y pasé mapo. Ella le impartió al apartamiento un toque femenino que hacía falta; flores aquí, cojines acá, ollas, una cortinita en la ventana, me obligó a comprar una colcha en Sears, cosas así. La mayor parte de nuestras salidas fueron al cine, casi siempre junto a alguna amiga mía; le presenté tres o cuatro chicas, pero el inglés de Angie no es muy Oxford que digamos. También fuimos a los museos y al zoológico (ambos coincidimos en que debes venir a ver a Lucky the Monkey, prácticamente tu hermano gemelo). Ella quería ir a Coney Island pero en invierno lo cierran (tremendo alivio porque está hecho un asco y es bastante peligroso). Casi todos los días ella se iba a pasear por el parque y luego, según me contaba, se encerraba a descansar, leer, llamarte por teléfono o ver televisión (aunque no sé cómo porque Shakespeare no es). Los primeros días tuvimos algunas peleítas porque cuando yo regresaba del trabajo encontraba la cena hecha, lo cual me vuelve loco. Por fin logré que entendiera la función básicamente terapéutica que cumple la cocina en mi vida (difícil tarea cuando una mujer tiene trepado el mono maternal). En adelante esperó a que yo llegara y se limitó a ayudar un poco (aunque parecía una directora de cine). El día de mi cumpleaños (fue el 19 pero aún acepto regalos: zapatos, 12; cintura, 33; camisas, 15 1/2; colonia, Royal Copenhagen; tenor favorito, Domingo; música favorita, cantos gregorianos; escritor favorito, Miranda; etc.) le dije que podía cocinar si quería y preparó un pollo chino con espárragos que ni Peking. Al otro día hice otra excepción y ha preparado un pastelón de papas dios mío qué cosa exquisita. En fin, creo que la pasó bien.

La venta de mi novela sigue mal, parece condenada-al-fracaso como dice le boleró.

Ahí va la nota de Angie, como de costumbre. Estaré muy pendiente de que no vaya a ocurrir un cambio de tono que nos delate. No es lo mismo ahora que la conozco. (Fíjate, no está mal la chica. Pero como que no es tu tipo.) Te abraza

Luis

22 de enero de 1979
San Juan

Mi querida Angie:

Se secaría mi pluma sin tu tintero. Te ama

Rafa

***

22 de enero de 1979
Nueva York

Srta. María de los Ángeles Sicardó
Ponce, Puerto Rico

Hermosa Angie:

Confieso que me acostumbré a ti. Cuando estoy en el cine te busco a mi lado en la oscuridad. Cuando cocino cierro los ojos y deseo que brotes de pronto, bella y semidesnuda como siempre, y que comiences a dar órdenes, a abrir potes de condimentos, a inventarte salsas nuevas y a besarme suavemente la nuca. Desde el día que te fuiste me fascina escuchar el disco de plenas que aborrecía, pero que de tanto escucharlo a tu lado siento que es parte tuya (ya te dije que enseñarme a bailar plena era misión imposible). No me atrevo a escuchar a Pavarotti, tengo tan vivo el recuerdo de aquella primera noche en que escuchaste "A te o cara" y lloraste; no me atrevo, me daría mucha tristeza. Has sido mi mejor regalo de reyes. Me diste el más exquisito de los cumpleaños y el más tibio de los cuerpos. Me haces falta. Mi cama es demasiado inmensa cuando no estás en ella conmigo.

Confío en que ya hayas digerido mis palabras. No te he "rechazado" ni soy un frívolo mujeriego como estuviste diciendo hasta el último momento en el aeropuerto. Según pase el tiempo serás más racional, estoy seguro. Por eso insistí en lo del periodo de prueba. Todo lo que te expuse no me lo inventé ad hoc: es producto de la reflexión. El sexo no debe lanzarnos al altar como una catapulta. Somos, simplemente, amigos. Dos amigos especiales que además se acuestan. Fue natural, todo fluyó. Lo anormal y desquiciado es que ya quieras renunciar a todo, a Rafa y a tu trabajo, para emigrar y vivir conmigo. Créeme que estoy pensando en ambos cuando mantengo esta distancia que llamas frialdad. ¿Qué sucedería si te arrepintieras a los dos meses, si de pronto me dijeras que obedeciste un equivocado impulso pasajero, un mero capricho? Sé realista, cosas así ocurren a menudo. Sobre todo en estos encuentros marcados desde el principio por la escasez de tiempo, por la partida cada vez más cercana. Luego te irías con alguna pena o sintiéndote incómoda y triste. Pero ¿y yo? Es posible que ya me haya enamorado y sufriré salvajemente al verte indiferente y arrepentida. Debo protegerme. Además está Rafa en medio de todo esto, mi gran amigo de muchos años y tu novio, a quien hemos engañado. Recapacita, piensa que tu impulsividad, tu posible capricho, podría herir a más de una persona. Y no me acuses más. Esta actitud mía, que ustedes las mujeres tildan de donjuanesca, no es más que un gesto defensivo, al cual debes reconocer que tenemos derecho.

Todo seguirá igual mientras tomas tu tiempo para pensar. No temo, como dices, que la distancia mate el amor. Y, de suceder así, sería preferible, porque probaría que no era amor verdadero. Al amor auténtico no hay distancias ni años ni murallas que lo diluyan. Si pasamos esta prueba y finalmente decidiéramos vivir juntos, seré feliz. La ausencia va enseñándome a quererte. Te besa

Luis

***

22 de enero de 1979
Nueva York

Sr. Paulino Rodríguez
Viejo San Juan, Puerto Rico

Estimado amigo Paulino:

En estos días estarás celebrando tu examen o diligentemente untando de excreta a las inocentes mamás de los miembros de la Junta Examinadora. Por razones puramente higiénicas, pues, cuento con que hayas aprobado y que ya seas todo un Licen.

Te tengo noticias: he conocido a la famosa amiga de mi amigo. Se llama Angie (ya no importa que sepas el nombre). Pasó dos semanas conmigo y, tal y como profeticé, nos acostamos la primera noche: todo como en "bandeja de plata". Está sabrosa, bien súper rica, pero resultó ser poco más que un cuerito vulgar, una putita con pretensiones de mujer fina. No tiene parecido alguno con la Angie de las cartas. Al final ya me tenía tan harto con sus monerías y verborrea que sólo la Virgen de la Popeta sabe el alivio que sentí cuando se metió al dichoso avión.

Luego estuve confundido durante varios días pero ahora sé, al fin, lo que ocurre: sucede que hay dos Angies: la que escribe las cartas y la putita que vino a Nueva York. Fue una treta de mi amigo. Las cartas que yo escribo son para su verdadera novia, la Angie au-

téntica. Pero para despistarme, para asegurarse de que
yo no le conquistara a la Angie genuina, me mandó
a la putita. De paso se aseguró de que la putita y yo
no pudiéramos hablar sobre las cartas, para así mantener oculta la verdad. En fin, todo ha sido una treta de
mi amigo para proteger a su Angie verdadera, la de las
cartas. Pero lo he descubierto todo. Ahora la que me
interesa es la de las cartas. Poco a poco iré despachando
a la putita que vino acá (lo haré con naturalidad, para
que mi amigo no sospeche que lo sé todo). Continuaré el juego hasta reunir suficiente información sobre la
verdadera Angie como para encontrarla. Debo hallarla
porque me he enamorado de sus cartas. Te abraza

Luis

***

1ro de febrero de 1979
Ponce

Sr. Luis Miranda
Nueva York, EE.UU.

Luis mi amor:

Creo que estoy aprendiendo a resignarme a
tus condiciones aunque sigo discrepando, como sabes.
No es que yo sea una virgencita de porcelana ni que
vea el sexo como un sacramento y la cama como un
altar. El sexo me gusta porque me gusta y a la cama
voy a revolcarme. Pero te conozco más de lo que crees

y me siento segura de mi firmeza. Te amo, chico, y eso no va a cambiar. Pero muy bien, seguiré tus reglas: cortas las cartas, cero llamadas y mucho menos otra visita. Ya verás cómo de aquí a cinco meses nada habrá cambiado y deberás ir dejándome la mitad de tu cama y algunas de tus gavetas (aunque podría ir sin ropa, si me lo pides, y estar siempre desnuda para ti).

Quisiera decirte tantas cosas fabu sobre mi estadía allá pero esperaré a tenerte en mis brazos para decírtelas al oído. Por ahora conténtate con saber que fueron los días más felices de mi dulce existencia.

Últimamente me siento horrible cuando estoy con Rafael. Siento un tremendo complejo de culpa que me vuelve irritable y ruda. He descubierto que sí tengo consciencia. Si recuerdo bien mis lecciones de catecismo, creo que debe ser mi ángel guardián quien a cada instante me dice que soy una perra, que nada valgo por ingrata. Rafael me da mucha lástima. No me gusta lo que le estamos haciendo. Él ha sido siempre, y sigue siendo, muy bueno conmigo, muy considerado.

Cuídate bien y no salgas sin la bufanda.

Te ama,

Angie

***

3 de febrero de 1979
San Juan

Sr. Luis Miranda

Nueva York, EE.UU.

Estimado amigo Luis:

Muchas gracias por lo atento que has sido con Angie. Desde que llegó está mucho más tranquila y a menudo repite que te debe mucho y me pide que te lo diga. (Te lo digo.) Me contó con lujo de detalles absolutamente todo lo que hicieron, una crónica minuciosa de cada minuto. Recuerda, sobre todo, los cuadros surrealistas del Metropolitano y los opulentos banquetes (opíparos, romanos) que preparabas. Gracias por todo.

Lo siento por lo de tu novela. Personalmente me gustó mucho; la terminé la semana pasada. Poco sé sobre los asuntos de ustedes, los poetas, pero creo hay que ser bien bruto para no disfrutar tu novela. Recuerda, sin embargo, que a ustedes los reconocen a partir del día en que se inscribe la lápida. Si quieres fama instantánea pasa por acá y conseguiré quien te vuele los sesos. Bromas aparte, tranquilo con lo de la novela. Pronto (de aquí a cien o doscientos años) cogerá auge, ya verás. Ahí lo de Angie.

Tu amiga,

Rafael

Postdata: Pronto te llegará el regalo de cumpleaños: un decreto oficial que te declara el "Mejor Escritor de Cartas del Caribe".

2 de febrero de 1979
Ponce

Mi amado Rafael:

Con los muslos protejo tu tintero.
Te ama,

Angie

***

5 de febrero de 1979
Viejo San Juan

Sr. Luis Miranda
Nueva York, EE.UU.

Estimado amigo Luis:

Mira, primero se te mete el amigo a maricón. Luego te manda a la novia porque se ha metido dizque a chulo. Ahora resulta que no te mandó a la novia nada sino a una "putita encubierta" para alejarte así de la novia verdadera. ¡Alá el Magnífico, que todo lo ves y sabes! ¡Niño, qué es lo tuyo? ¿Es ésta, acaso, la trama de tu próximo cuento?

Yo no sé qué decirte. Además, tu escándalo de carta es tan y tan machista que me tiene al borde del colapso total. Ya estás bastante grandecito y es tiempo de que vayas tratando a las mujeres con un poco más de respeto, sabes mijito. Y te reitero que debes abandonar por completo la lectura de ficción, la cual obviamente te vuelve loco. Entrégate a la química a la zoología o a la contabilidad. ¿Dos Angies? ¡Qué fabuloso eres! Me parece que tu amigo, un profesional, debe estar demasiado ocupado como para pasarse la vida en busca de nuevas tretas para enredarte.

Sí, ya soy licenciado. Fui la cuarta nota en el examen (ya conoces lo genial que soy desde chiquitito: algo así como un Mozart tropical). Acepto tus felicitaciones.

Cariñitos,

Paúl, B.A., J.D., L.G.

***

11 de febrero de 1979
Nueva York

Srta. María de los Ángeles Sicardó
Ponce, Puerto Rico

Hermosa Angie:

Tus escrúpulos son estúpidos. Ojos que no ven..., no lo olvides. Mientras Rafa no se entere no hay daño. Por eso es fundamental que estemos muy seguros antes de dar el paso. Debo, por otra parte, admitirte que me estuvo algo fuerte tu selección de palabras. Pensé que nuestra relación era bastante especial y no un mero "revolcarse" en busca del crudo "gustazo".

Perdí la bufanda; pienso comprar otra mañana. Dime cómo te va en el trabajo. Te besa

Luis

***

13 de febrero de 1979
Nueva York

Sr. Rafael L. Betancourt
San Juan de Puerto Rico

Estimado amigo Rafa:

Gracias por subirme la moral. Tan pronto sienta esa morbosa necesidad de reconocimiento me iré para Harlem a las tres de la mañana y me le cagaré en la madre al jefe de la primera pandilla de motociclistas que vea. No conozco forma de suicidio más expedita. Tu carta me recordó, no sé por qué, el suicidio de don Florencio. ¿Recuerdas? ¿Qué edad tendríamos, trece? Yo le había tomado tanto cariño. Me enseñó a jugar ajedrez. Tampoco olvidaré la tarde en que me explicó la diferencia entre la kriptonita roja y la verde. Para mí que era sabio.
Ahí la cartita de la Angie. Te abraza

Luis

13 de febrero de 1979
San Juan

Mi querida Angie:

Es tu cueva el tintero más hermoso. Te ama

Rafa

***

21 de febrero de 1979
Ponce

Sr. Luis Miranda
Nueva York, EE.UU.

Luis mi amor:

Amorcito, discursas sobre la selección de vo-
cablos pero no sin antes tratarme de estúpida. Re-
siento semejante trato, pero lo interpretaré como un
pobre exabrupto debido al cansancio. Conque no te
gustó la idea de que nos revolcáramos en la cama. ¿Y
cómo se dice? ¿Tendernos? ¿Arrullarnos? Y si no se
hace el amor porque gusta, ¿por qué se hace?

Mi nenito lindo está medio estrictito, ¿no
crees? Pero todito te lo perdono porque sé que estás
poniéndome a prueba. (Si te dijera que anoche pensé
en ti y que fui muy malvada con mi cuerpo, y que lo
hice con la fría asistencia de una botellita de vino de
cuello muy largo, ¿te ofenderías, papito?)

Siguen atormentándome los "estupidicísi-
mos" escrúpulos. No sé si podré "seguir con esta farsa", como dice la salsa. Mi tensión crece a diario pero
Rafael es cada vez más cariñoso y comprensivo. El
pobre inocente. Me siento como suela de zapato.

Besitos,

Angie

***

25 de febrero de 1979
San Juan

Sr. Luis Miranda
Nueva York, EE.UU.

Estimado amigo Luis:

Este fin de semana estuve con Angie en la inauguración de la última convulsión en el mundo de las discotecas: The Magic Carpet. ¡Fabu! Por fuera parece una sinagoga árabe (o como se llamen) y por dentro es igual a una caseta del desierto. Las mujeres no podemos entrar a menos que sea con uno de los velos que venden en la entrada (pero son transparentes, sabes, como un poco simbólicos). Los hombres podemos alquilar turbantes. Cada par de horas detienen la música, sacan una brújula gigantesca con luces relampagueantes, y entonces todos tienen que mirar en dirección a La Meca, arrodillarse y rezar. Todo es muy original, pero la pista es ya otra cosa, sencillamente genial, demasiado de too much. Simula una alfombra mágica en pleno vuelo (con diapositivas alrededor para dar la sensación de altura). Pero oye esto: no tienes que bailar porque la pista misma se mueve, ondula, y te lleva de un lado a otro. Me divertí mucho, por supuesto.

No recuerdo al don Florencio que mencionas. No sé jugar ajedrez. Ahí la de Angie.

Tu amigo,

Rafael

24 de febrero de 1979
Ponce

Mi amado Rafael:
    Mánchame la boca con tu tinta.
    Te ama,

Angie

***

3 de marzo de 1979
Nueva York

Srta. María de los Ángeles Sicardó
Ponce, Puerto Rico

Hermosa Angie:

    Bella te verías con tu botella de cuello largo.
¿Cómo va a enojarme que lo cuentes? Siempre he
creído que el concepto abstracto que denominamos
"ridículo", al igual que la noción de "hacer el ridículo", son muy subjetivos. Las constituciones de todos
los países del mundo, al igual que la Carta de Derechos de las Naciones Unidas, deberían garantizar el
"derecho al ridículo", por lo que estoy dispuesto a
piquetear.
    Yo sabía que tus escrúpulos se apoderarían de
ti. No eres lo firmecita que te crees. Estás al borde de
la histeria, de la horrible confesión que te he prohibi-

do. Recuerda que, si lo haces, será sólo un acto egoísta bastante parecido al sadismo. Tú te sentirás bien pero Rafa sufrirá. Los hombres nos ponemos muy barrocos en estas circunstancias. Te juro que sufrirá mucho, tardará mucho en recuperar su autoestima y yo perderé a un amigo. Si realmente te sientes mal y te lastima el llamado de tu consciencia, asume tu culpa con valentía, carga con la enfermedad de tus escrúpulos como lo hizo Raskolnikov: como un castigo. Expía voluntariamente tu supuesta culpa, entrégate por entero a los placeres del masoquismo concienzudo, pero no hagas sufrir a otros que ni lo merecen ni lo han pedido.

Te besa

Luis

***

7 de marzo de 1979
Nueva York

Sr. Rafael L. Betancourt
San Juan de Puerto Rico

Estimado amigo Rafa:

Te hice la pregunta en tono retórico. ¿Cómo diablos puedes haber olvidado a tu tío don Florencio, hermano de tu mamá, quien vivía en tu propia casa? Pana, si estás de prisa dilo, pero no despaches mis cartas sin prestarles atención.

Me han escrito desde allá. Mi abuela está muy grave, muriéndose. Ahí la de Angie. Te abraza

Luis

7 de marzo de 1979
San Juan

Mi querida Angie:

Justamente ahora que te he conocido, que te recuerdo ancha mariposa, hoy que los valles ya no gritan lloran, hoy que los valles son lluvia verde con manchas rojas, pascuas, rosas, tu lengua, hoy que los valles son brisa aliento fresco gotas frescas sobre la frente la espalda cansadas, te recuerdo y recuerdo el jadeo amor. Te ama

Rafa

***

11 de marzo de 1979
Nueva York

Sr. Ángel del Bosque
Guaynabo, Puerto Rico

Estimado amigo Ángel:

Perdona esta carta tan abrupta pero lo cierto es que debes ayudarme porque estoy muy confundido. Déjame explicar: desde julio del año pasado me carteo muy regularmente con Rafa. Le envío las cartas a su casa, a la dirección de siempre. El pasado viernes 9, sin embargo, me llamaron desde Puerto Rico porque mi abuela murió; llegué por avión esa misma noche. Al día siguiente (sábado 10, ayer) fui hasta la casa de Rafa después del entierro. Me abrió la puerta un tipo demasiado normal, de esos con mujer, familia y family room, y me dijo que allí no vivía ningún Rafa. Dijo también que le había comprado la casa hace casi un año a un tal señor Betancourt de Arecibo, pero que era viejo y no recordaba su primer nombre porque su agente de bienes raíces se había encargado de hacer las transacciones. No pude averiguar más porque el taxi me esperaba. Me había detenido camino al aeropuerto para saludar brevemente a Rafa, pero mi avión salía en cuarenta minutos.

¿Dónde vive Rafa? ¿Por qué no me ha dicho que se mudó? Mira, Ángel, francamente estoy pasmado. No sé si reír o molestarme. Además hay otros elementos por medio que complican el asunto aún más, pero no puedo entrar en detalles ahora. Te he escrito porque en las cartas me hablan a menudo sobre tus asuntos y cabe la posibilidad de que todo sea una especie de broma muy elaborada. De ser así te ruego que no le digas una palabra a Rafa, para devolvérsela con creces.

Por favor, contesta pronto. Perdona mi estilo Western Union pero es que estoy nervioso. Aquí como que pasa algo muy raro.

Recibe mi saludo cordial. Te abraza

Luis

***

13 de marzo de 1979
Ponce

Sr. Luis Miranda
Nueva York, EE.UU.

Querido:

Si esta carta no fuera carta, sino cuento, se llamaría "Las cosas en su sitio o cuentas claras conservan amistades". Tú a mí, bebé, digámoslo de una vez: no me prohíbes nada, nadita de nada. Esa autoridad no te la he dado, ni te he dado permiso para que me ridiculices. A veces pienso que no sabes quién soy, que no te has dado cuenta de lo que podrías tener. No me has visto caminando por el centro de Ponce, cómo me pitan, cómo quieren comerme. Pendejo.

Pues me siento mal y qué? Es así y punto. Me da la gana. Tengo el perfectísimo derecho de sentir escrúpulos "estúpidos" si se me antoja. Rafael es un hombre muy decente y obviamente mucho más educado que tú. Pena que no se te pegara una onza de su cortesía. Pendejo. Más te preocupa perder un amigo que ganar una mujer.

Angie

***

19 de marzo de 1979
San Juan

Sr. Luis Miranda
Nueva York, EE.UU.

Estimado amigo Luis:

Siento mucho lo de tu abuela, espero que se recupere pronto. Lo de tío Florencio fue una broma, claro que me acuerdo de él.
Hoy no tengo mucho tiempo; ahí lo de Angie.
Tu amigo,

Rafael

18 de marzo de 1979
Ponce

Mi amado Rafael:
Deja que esta paloma te coma, canto a canto.
Te ama,

Angie

***

21 de marzo de 1979
Guaynabo, Puerto Rico

Sr. Luis Miranda
Nueva York, EE.UU.

Mi estimado amigo Luis:

En este momento las opciones son dos: o eres
un enfermo de la mente y la literatura te ha vuelto
loco, o un ignorante. Tu carta es una locura totalmente imposible. Nuestro querido Rafi murió como
tres semanas después de tu irte para Nueva York, el
21 de mayo. Se detuvo en una estación de peaje de la
autopista para Ponce, y mientras depositaba las pese-
tas lo impactó un camión que se había quedado sin
frenos. Fue una tragedia aparatosa: el camión siguió
rodando y mató a seis personas en total. Los periódicos y la prensa hicieron fiesta con el accidente: mos-
traron películas y fotos de Rafi destrozado, sin un
brazo, la cabeza aplastada. No puedes imaginarte lo
que sufrimos acá. (En la funeraria me enteré de que
se dirigía a la casa de una tal Angie Sicardó, amiga
de él que no conoces y con quien desde entonces me
encuentro ocasionalmente en las discotecas.)
¿Cuál es el significado de tu extraña carta?
¿Estás bromeando cuando dices que te carteas con
él? Conozco tu particular sentido del humor, pero
¿no crees que hay un límite? Hay ciertas cosas un
poco sagradas, ¿no crees? Cosas como la muerte, la
enfermedad y el dolor exigen un poco de respeto.
Pero seré justo. Sé que quisiste mucho a Rafi
así que te daré el beneficio de la duda. Partiré de la
premisa de que no estás borracho de literatura sino

que honestamente ignorabas lo del accidente. Pero, en ese caso, soy yo el confundido. ¿Cartas de Rafi? Imposible. Pienso que alguien debe de estar jugándote una broma, tal vez vengándose de una de las tuyas. (Los primeros sospechosos, en ese caso, serían tus víctimas del pasado.) Puede ser que alguien esté recogiendo las cartas que tú le escribes a Rafi (debiste preguntarle al nuevo residente) o que el correo las esté reexpidiendo automáticamente a otra dirección, lo cual es lo rutinario en estos casos.

Ahora, sin embargo, me corresponde a mí excusarme. Perdona que no te haya escrito para notificarte lo de Rafi, pensé que tu madre lo había hecho. Recibí tu postal el año pasado pero no te contesté porque sabes que soy muy vago para escribir. Siento mucho la muerte de tu abuela doña Lala.

Muy cordialmente, te abraza,

Ángel

***

23 de marzo de 1979
Nueva York

Srta. María de los Ángeles Sicardó
Ponce, Puerto Rico

Angie:

Tus profundísimas palabras me recuerdan que

en varias ocasiones Rafa y yo nos preguntamos qué valía más: ¿un buen amigo o una mujer? Ya que me exiges cortesía no te diré cuál fue nuestra conclusión.

Muy bien, no puedo prohibirte nada. Pero, por favor, no le hagas daño a Rafa.

Luis

***

31 de marzo de 1979
Nueva York

Sr. Ángel del Bosque
Guaynabo, Puerto Rico

Estimado amigo Ángel:

No bromeo, alguien me escribe y se hace pasar por Rafa. Te pido silencio. Continuaré el juego hasta descubrir lo que está pasando, aunque ya tengo buenas pistas. Sin embargo, sigo muy confundido. Ahora sospecho de todo y de todos. Para serte franco, te diré que ni siquiera tengo la certeza de que hayas sido tú, mi amigo Ángel, el que haya escrito la carta firmada por Ángel.

Luis

***

2 de abril de 1979

Nueva York

Sr. Rafael L. Betancourt
San Juan de Puerto Rico

Estimado amigo Rafa:

Estuve en Puerto Rico los días 9 y 10 de marzo. Murió mi abuela. Tuve que regresar al instante debido a compromisos del trabajo. Perdona que no haya sacado el tiempo para pasar a saludarte pero comprenderás que en momentos así la familia se pone muy exigente y te consume todo el tiempo. (De mis amigos sólo pude saludar a Marco Rosado porque se enteró a tiempo y asistió al entierro.) Mi mamá ha sufrido mucho.

Perdona también que no te haya escrito de inmediato como es mi costumbre. Recibí la tuya el 29 pero el viaje a la Isla me atrasó mucho en el trabajo. Luego escribo con más calma. Te abraza

Luis

2 de abril de 1979
San Juan

Mi querida Angie:

Soy de la paloma, antropofágicamente suyo. Te ama

Rafa

***

2 de abril de 1979
Ponce

Sr. Luis Miranda
Nueva York, EE.UU.

Luis:

No le haré daño a Rafael. Eres tan torpe que no
has comprendido cuán incapaz soy de hacerlo. Y eso a
pesar de que cada día me siento peor. Cuando debo verlo me siento tan culpable. Y, para completar, te tengo a
ti tronando desde allá, desde tu Olimpo majestuoso.

Acabo de releer tu primera carta y me pre-
gunto: ¿qué nos ha pasado? Nos dedicamos únicamente a peleas e insultos. ¿Es que te has arrepentido?
¿Quieres cancelar el trato?

Contesta, coño.

Angie

***

5 de abril de 1979
Nueva York

Lcdo. Paulino Rodríguez
Viejo San Juan, Puerto Rico

Estimado amigo Paulino:

Prepárate para mandarme al carajo de una vez. Cuando leas lo que sigue jurarás que estoy loco de remate: Resulta que mi amigo, Rafael L. Betancourt (ya no es necesario el anonimato) está muerto. Murió hace casi un año en un accidente automovilístico. Tómame en serio esta vez, te lo ruego. Rafa era un buen amigo.

No sé, pues, quién me ha estado escribiendo a nombre suyo, aunque es casi evidente que debe ser Angie (de vez en cuando usa el femenino sin percatarse). ¿Pero cuál de ellas? Sigo convencido de que son dos. Son demasiado diferentes. La que conocí es vulgar, común. La de las cartas es exquisita, tierna. Ya estoy a punto de lograr que la primera se harte de mí y me mande al carajo de una vez. Pero amo a la segunda, la adoro, no podría vivir sin sus cartas. Seguiré esta farsa hasta dar con la verdad. Te abraza

Luis

P.D. ¿Qué significan las iniciales "L.G."?

***

12 de abril de 1979
Nueva York

Srta. María de los Ángeles Sicardó
Ponce, Puerto Rico

Angie:

Ese léxico tan tuyo, tan exacto, tan delicado y tan sutil. Exquisito.

Luis

***

14 de abril de 1979
San Juan

Sr. Luis Miranda
Nueva York, EE.UU.

Estimado amigo Luis:

Siento mucho la muerte de tu abuela. No me enteré a tiempo, de lo contrario hubiera ido al entierro. Ángel, como siempre, te envía saludos. Aprobó el examen de leyes y piensa comenzar en agosto.

Angie está inquieta últimamente: nerviosa, deprimida, como desilusionada. Se le ve muy insegura. El próximo fin de semana pienso llevarla al campo para que se distraiga.

He leído varias reseñas de tu novela. Siento mucho la continua crucifixión. Considera que Cristo tuvo que esperar hasta los 33 años y sólo recibió tres clavos. Tú, a los 30, ya pareces un colador.

Ahí la de Angie.

Tu amigo,

Rafael

13 de abril de 1979
Ponce

Mi amado Rafael:

Ya es irreversible, amor mío. Tuya seré siempre, siempre, no importa lo que pase. Lo confirmo cuando de noche, cuando sola, cuando mis dedos intentan sustituirte torpemente. Tus cartas son muy importantes para mí.

Me gusta escribirte directamente, hablarte como lo hago ahora. Pero también adoro esas capsulitas que nos enviamos. Me marean, me obligan a pensar tantas cosas que al otro día no sé si fueron una palabra o diez páginas lo que me enviaste. Son tan plenas, tan eróticas. Cuando las recibo me convierto en un labio gigantesco.

Te ama,

Angie

***

22 de abril de 1979
Ponce

Sr. Luis Miranda
Nueva York, EE.UU.

Señor don Luis:

Esto se acabó. Chitón. Lo primero, y lo más

importante, es que no puedo herir a Rafael y continuar siéndole infiel (aunque se trate de una infidelidad epistolar). Él es lo más decente de la tierra y ningún hombre se le iguala. Mucho menos tú, que ni al tobillo le llegas. Me siento como un renacuajo cuando estoy a su lado. Con su cariño me empequeñece. Lo amo realmente y aunque no sé si las cosas podrán volver a ser como antes, lo intentaré.

Puedes ir olvidándote de mí. Sólo fuimos un ligero revuelco en la cama y varias cartas de mal gusto. Eso, sólo te quedará un ligero recuerdo. Que no se te ocurra volver a escribirme. Ah, y antes de que se me olvide: por favor, vete con la mierda de tu sarcasmo para el mismo carajo.

Angie

***

24 de abril de 1979
Nueva York

Sr. Rafael L. Betancourt
San Juan de Puerto Rico

Estimado amigo Rafa:

No creo que el estado de ánimo de Angie tenga relación alguna con su viaje a Nueva York. Aquí se veía muy bien. Debe ser alguna tontería que le ha dado por allá, alguna tonta indecisión. Las mujeres, como sabes, son expertas en el arte de crear tormentas en frascos de perfume.

Ahí la notita, como siempre. Te abraza

Luis

24 de abril de 1979
San Juan

Mi querida Angie:

Tu lengua en mi boca, deshaciéndose lentamente, como hostia perfumada, divinamente en mi boca. Te ama

Rafa

***

6 de mayo de 1979
San Juan

Sr. Luis Miranda
Nueva York, EE.UU.

Estimado amigo Luis:

No sé si será como dices. Es posible que no esté tan indecisa, que ya sepa lo que quiere. O tal vez... Nada, olvídalo.

Ahí la de ella.

Tu amigo,

Rafael

5 de mayo de 1979
Ponce

Mi amado Rafael:

Tu lengua es un relámpago en mi boca.
Te ama,

Angie

***

16 de mayo de 1979
Nueva York

Sr. Rafael L. Betancourt
San Juan de Puerto Rico

Estimado amigo Rafa:

Estoy muy deprimido. Ya es definitivo: mi
novela es un fracaso. También, pues, lo soy yo. Ahí
va la de Angie. Te abraza

Luis

16 de mayo de 1979
San Juan

Mi querida Angie:

Tu lengua, mariposa en mi boca. Te ama

Rafa

***

19 de mayo de 1979
Viejo San Juan

Sr. Luis Miranda
Nueva York, EE.UU.

Estimado amigo Luis:

¿Muerto tu amigo? Lo siento mucho. Lo que antes era mera intriga ahora se torna morboso. Por mi parte, creo que ahora lo veo todo muy claro. Luis, no te engañes: es evidente que sólo existe una Angie. Toda mujer es dos mujeres. Junto al aliento tibio y sensual de las noches, debes aceptar también el aliento duro de las mañanas. Todos nos sublimamos cuando escribimos, podemos casi esculpir nuestra propia personalidad. Cuando escribimos nos convertimos en el ente ficticio que deseamos ser. Acepta a las dos Angies o pierde a las dos. Acéptala toda o piérdela toda.

Besillos,

Paúl

P.D. "L.G." = Loca Genial.

***

28 de mayo de 1979
San Juan

Sr. Luis Miranda
Nueva York, EE.UU.

Estimado amigo Luis:

De pronto Angie se ve muy bien. Me atrevería a afirmar que se ha quitado algún peso de encima. Hemos reanudado nuestras visitas a las discotecas (Ángel te manda saludos) y los paseos al campo. Incluso está considerando la idea de renunciar al trabajo y venirse definitivamente a San Juan.

Algo malévolo habrás hecho para que tu novela fracasara. Castigo de Dios. Ahí la de Angie.

Tu amigo,

Rafael

27 de mayo de 1979
Ponce

Mi amado Rafael:

Mi cuerpo, como río cargado de lluvias, en busca de aquel océano azul.
Te ama,

Angie

***

7 de junio de 1979
Nueva York

Sr. Rafael L. Betancourt
San Juan de Puerto Rico

Estimado amigo Rafa:
Me alegra que Angie esté bien. Entenderás que inevitablemente le he tomado un gran cariño después de casi un año de carteo por carambola. Si ustedes dos son felices, yo también lo soy.
Tu comentario sobre mi novela estuvo un poco fuerte. Entiendo que te harten mis quejas continuas.
Ahí la de Angie. Te abraza

Luis

7 de junio de 1979
San Juan

Mi querida Angie:

    Cruzaré muchos ríos y tu cuerpo será el primero, tu bronce, tu carne desbocada. Te ama

          Rafa

       ***

          19 de junio de 1979
          San Juan

Sr. Luis Miranda
Nueva York, EE.UU.

Estimado amigo Luis:

    Angie no podría sentirse mejor. Dice que ha desechado el pasado y que el futuro luce luminoso. Ahí la de ella.
    Tu amiga,

          Rafael

          18 de junio de 1979
          Ponce

Mi amado Rafael:

    Mi cuerpo se acuesta sobre los deseos de Procusto, se ensancha golpe a golpe.

Te ama,

Angie

***

29 de junio de 1979
Nueva York

Sr. Rafael L. Betancourt
San Juan de Puerto Rico

Estimado amigo Rafa:

Ya hace mucho calor por acá y me está afectando. He tenido pesadillas, me sudan las manos. Pero no es nada, sólo tensión.

Esta semana salió una reseña muy positiva de mi novela. La escribió un novelista de mucha influencia. Al leerla me eché a llorar. Luego golpeé las paredes hasta que el vecino amenazó con llamar a la policía.

Ahí la de Angie. Te abraza

Luis

29 de Junio de 1979
San Juan

Mi querida Angie:

A tu ventana llego cansado, abierto, sangrante. Siervo herido, bajo tu fuente yazco, ajado. Te ama

Rafa

***

11 de julio de 1979
San Juan

Sr. Luis Miranda
Nueva York, EE.UU.

Luis:

Saludos como siempre. Tengo prisa.
Tu amigo,

Rafael

10 de julio de 1979
Ponce

Mi amado Rafael:

Hace más de una semana que no te sueño, tu imagen se confunde con la niebla de mis párpados.
Te quiere,

Angie

***

21 de julio de 1979
Nueva York

Sr. Rafael L. Betancourt
San Juan de Puerto Rico

Estimado amigo Rafa:

Voy de prisa. Te abraza

Luis

21 de julio de 1979
San Juan

Mi amada Angie:

Tu última carta fue un golpe fuerte. Sé que no fue intencional pero sólo logró comunicar frialdad, distancia. No pude captar, o mal interpreté, el aspecto poético que quisiste darle. ¿Cometerías un error al escribir? Sácame de dudas. Te ama mucho

Rafa

***

21 de julio de 1979
Nueva York

Lcdo. Paulino Rodríguez

Viejo San Juan, Puerto Rico

Estimado amigo Paulino:

Te incluyo un paquete enorme con fotocopias de todo lo que ha pasado desde que este lío empezó. A ver qué logras descifrar, genio. Necesito ayuda. Me estoy volviendo loco. Estoy desesperado. Siento que perderé a Angie y no tolero la noción. Auxilio. Te abraza

Luis

***

2 de agosto de 1979
San Juan

Sr. Luis Miranda
Nueva York, EE.UU.

Luis:

Estoy sin tiempo.

Rafael

1ro de agosto de 1979
Ponce

Querido Rafael:

Escribí lo que sentía. Pienso menos en ti. Estas cartas, además, comienzan a aburrirme.

Angie

***

12 de agosto de 1979
Nueva York

Sr. Rafael L. Betancourt
San Juan de Puerto Rico

Estimado amigo Rafa:

Luego escribo con más calma. Te abraza

Luis

12 de agosto de 1979
Nueva York

Mi adorada Angie:

No puedes hacerme esto. Te adoro. Dime qué deseas y lo haré. Cualquier cosa. ¿Quieres cartas más largas, más eróticas? Nos hemos jurado amor perpetuo en estas cartas, estas mismas cartas que tú iniciaste. ¿Nada significan para ti? Tus últimas dos me han hecho sufrir lo que no puedes imaginarte.

¿Qué te sucede? Por favor, dímelo. ¿Verdaderamente te aburren las cartas? No puedo creerte. Estas cartas no pueden terminar. Tampoco puede terminar el amor que durante más de un año las ha escrito. Recuerda que me amas: son tus palabras. Te idolatra

Rafa

***

13 de agosto de 1979
Viejo San Juan

Sr. Luis Miranda
Nueva York, EE.UU.

Estimado amigo Luis:

Masoquista que soy, he leído el paquete con todas las cartas estúpidas que has estado recibiendo y escribiendo por más de un año. Luis, mijo, ¿qué coñito te pasa? Ya sabes que Rafael está muerto, que no existe. Es evidente que Angie te escribió haciéndose pasar por él. Pero lo que empezó como un juego te ha obsesionado y estás al borde de la esquizofrenia, del crac total. Le estás escribiendo a Angie dos veces. ¡Despierta, macho! ¿Por qué continúas con esta payasada? Deja la hipocresía de las cartas dobles, escríbele directamente a ella y mándala de una vez al carajo.

Su madre será una santa (realmente no sé ni me interesa) pero ella es una auténtica hija de la gran puta. No vale nada, es una frívola, una "putita vulgar" como me dijiste hace mucho tiempo. Acabará contigo. ¿No ves que no tiene escrúpulos, que usó el cadáver de tu mejor amigo para seducirte?

Mira, nene, me tienes desesperado. Últimamente me tienes viviendo una especie de novela que no acaba. Pero termina tú con ella antes de que sea tarde.

Cariñitos y besillos al niñito confundido,

Paúl

P.D. Estaba a punto de echarte esta carta cuando se me ocurrió algo que tal vez sea importante. ¿Quién es el "Ángel del Bosque" que Rafael (Angie) menciona tanto? Recuerda que "Angie" es un apodo agringado que deriva de Ángeles (María de los Ángeles). Pienso que si yo me llamara Ángel, y decidiera pasar por mujer, quizás usaría el apodo "Angie". ¿No será Ángel el que está detrás de todo esto?

***

24 de agosto de 1979
San Juan

Sr. Luis Miranda
Nueva York, EE.UU.

Luis:

Ahí la de Angie.

Rafael

23 de agosto de 1979
Ponce

Querido Rafael:

No te pido nada, excepto que nos escribamos menos.

Angie

***

3 de septiembre de 1979
Nueva York

Sr. Rafael L. Betancourt
San Juan de Puerto Rico

Estimado amigo Rafa:

Seguramente iré a Puerto Rico pronto. Debo resolver personalmente un asunto muy urgente. Te dejaré saber. Te abraza

Luis

3 de septiembre de 1979
San Juan

Mi adorada Angie:

Debemos discutir esto en persona, aunque rompamos las reglas que impusiste al principio. Nos urge hacer esta excepción. Si estás de acuerdo iré al instante. Dame una oportunidad. Te idolatra

Rafa

***

4 de septiembre de 1979
Nueva York

Lcdo. Paulino Rodríguez
Viejo San Juan, Puerto Rico

Mira, Paúl, si vas a dedicarte ahora a insultar a Angie, puedes irte para el mismo carajo. Y tu estúpida teoría sobre Ángel, déjame decirte, es excéntrica y absurda.

¡Angie existe, carajo! Y la amo.

Luis

***

15 de septiembre de 1979

San Juan

Sr. Luis Miranda
Nueva York, EE.UU.

Luis:

Ahí la de Angie.

Rafael

14 de septiembre de 1979
Ponce

Estimado Rafael:

Esta carta es una despedida. Quisiera poder decir que año y medio es mucho tiempo, que necesito un cambio, que simplemente estoy cansada de ti como algún día te advertí que podía ocurrir. Pero no es cierto. La verdad es que cuando estuve en Nueva York me acosté con Luis, te engañé con tu gran amigo de toda la vida. Desde la primera vez que lo vi contigo en la discoteca Isadora's me gustó y mi viaje a Nueva York no fue sino un pretexto, porque siempre te he utilizado para llegar a él.

Pero luego vinieron los remordimientos, los escrúpulos, y mi consciencia liquidó mi amor por Luis. Él no supo entenderme y se mostró frío, desinteresado, todo un hijo de puta. Tú has sido muy bueno conmigo. Tanto que mi cariño inicial se convirtió en lástima, luego en desprecio y ahora sólo me inspiras patetismo.

Se acabó. No intentes comunicarte conmigo porque no lo lograrás.

Angie

***

25 de septiembre de 1979
Nueva York

Srta. María de los Ángeles Sicardó
Ponce, Puerto Rico

Para Angie:

Reina de ajedrez, mueve tu rígido brazo y muéstrame las uñas de hielo que escondes bajo tus mantos de mármol congelado, bajo tu pose de reina reina con virgo y herederos. Largo trecho largos cuadrados nos separan y trato, brinco cuadrados brinco torres, en el bolsillo llevo una mariposa. Son tus labios dos alas de carne de plumas de pellejo de sol. Ven camina abraza termina, abre tus piernas de piedra y carbón. Tiéndete sobre el tablero como se tiende la alfombra, alfombra que me cubres, que me asfixias, que me velas. ¡Reina, qué hago, qué digo, cómo es que doy vueltas en este tablero sin direcciones? Es mi mente gelatina blanca, son mis pies un dulce barro de sueños y mentiras, son tus indómitos ojos, reina, un caracol silvestre con botones, con filos. ¿Qué confusión es ésta que me gira como trompo de fláccidas carnes y lenguas bobas? Acromegálica mujer, reina, portentosa pared de disparates y relojes. Aquí estoy reina, aquí sentado, sentado sobre tu baúl de círculos, y tú que pasas con tu cabello de mármol-hielo, usted, reina, allá arriba en el pedestal, con tus rígidos miembros de figurín de ajedrez, tú mujer-reina-puta, que abres las piernas como dos ojos, pero sólo veo uno, y no me mira. Tu ojo enfermo es carnada fría, tu piel es piel de escamas. Voy por tus piernas como por la tierra, me arrastro bajo tus piernas con el pecho despellejado, con mi pecho en sangre y el deseo en la axila, llego a tu ojo con mis labios, mariposa, y fría fría, dura y fría, tú, mujer, me niegas la mirada.

Rafa-Luis

***

5 de octubre de 1979
Ponce

Sr. Luis "Rafael" Miranda
Nueva York, EE.UU.

Señor Rafael-Luis:

Lo dije y lo redigo. Este jueguito se acabó. Bye bye. Chitón. Ciao. Au revoir. Adieu. Sayonara. Good bye. Adiós.

Finí.

Angie

***

15 de enero de 1980
Nueva York

Lcdo. Paulino Rodríguez
Viejo San Juan, Puerto Rico

Querido Paúl:

El carteo ha terminado. Ya no escribo para Rafa. Te incluyo las últimas cartas para que te enteres del final. Hace como un año me preguntaste si yo estaba loco o si todo este asunto era la trama de mi próximo cuento. Descífralo tú, ya que eres un genio. Decide por ti mismo y llega a la conclusión que más te plazca. De mí no volverás a saber en muchos años. Salgo mañana para el Tíbet y no sé si regrese jamás. Si decides que estas cartas no eran otra cosa que un cuento, te autorizo a publicarlas con mi nombre. De lo contrario, puedes hacer con ellas lo que te dé la fúcking gana. Hasta siempre

Luis

Epílogo

Insertar al principio de un relato el nombre de un ser real a quien, para colmo, suelo querer, es una deshonesta irrupción de la realidad dentro de la fantasía literaria, y no puede sino confundir al lector o hacerlo pensar en cosas que no debe. Por eso no me entusiasman las dedicatorias.

Afortunadamente la tradición literaria pone a mi disposición este recurso casi olvidado: el epílogo. Aquí dejaré constancia de mis deudas:

"El telefónico" se lo debo a una brevísima observación de mi hermano Diego. Una tarde me habló de un músico que es muy antipático en persona, pero increíblemente dulce cuando habla por teléfono. El resto me lo inventé.

"Escribir para Rafa" surgió durante otra conversación telefónica, esta vez con mi amigo Rafael Soto. Me pidió por escrito cierta información que necesitaba enviarle a una amiga que vivía en California. Soy responsable por todo lo demás.

"Ilia, tus lágrimas" comenzó a germinar en el 1975, en Stony Brook, cuando conocí a una actriz dominicana antes, durante y después de una representación teatral. Se llamaba Ilia.

"Las confesiones de Miñi" nació una tarde en que la cirujana Zenaida Méndez me comentó que recordaba "La primera vez que me llamaron señorita". Muchas amigas, a quienes interrogué hasta el suplicio, aportaron innumerables datos. Entre ellas: Elsa Fernández Miralles, Hilda Ramírez, Carmen Inés Ortiz, Janice Álvarez y Bernadette Pujols. A Elsa le debo la frase: "Para ser linda hay que sufrir".

"El Señor de los Platillos" me vino a la mente de pronto, en medio de un concierto, cuando me di cuenta de que el platillista llevaba una hora sin hacer nada.

"Última noche" es el único relato que incluye la dedicatoria tradicional. La explicación es sencilla: no es una dedicatoria. Es un cuento escrito conscientemente *a la* Cortázar. Y tuve la suerte de que él lo leyera, y de que le gustara, poco tiempo antes de morir. El relato le pertenece.

"El lado oscuro de la luna" y "El comiquísimo vendedor de pistolas" me los inventé yo solito.

Estas son las deudas. Es muy poco lo que podría añadir.